徐凡甘——著
邱淑宜——採訪整理

我的選擇，是把生命活得更好

從換腎少年、創業青年到偏鄉教師，

總統教育獎得主徐凡甘的甘苦人生

目錄

PART 2 當我成為台大人

PART 3 把教育放進我的生命裡

推薦序

傳遞生命熱情，是上天交付凡甘的使命

林口長庚紀念醫院兒童腎臟科醫師
英國倫敦帝國學院腎臟暨移植中心臨床醫學博士　余美靜

當凡甘邀請我為他的新書寫引言時，即便手邊有著繁重的研究和醫療臨床工作，我仍不假思索地回答：「我很榮幸，也很願意。」因為很期待想知道在我負笈倫敦進修的這段時間凡甘的經歷和成長，更想知道當年在醫院咖啡廳和我討論「人生真的可以有夢想嗎？」的建中男孩是不是已經找到答案了。

我扎扎實實地參與了凡甘青少年這個人生中最黑暗的時期，藉由凡甘的文字，回想起過去仍是歷歷在目，那個面容稚氣但又感覺很獨立的十五歲小男孩「很不服氣」，為什麼老天爺會跟他開這麼大的玩笑，品學兼優的他準備迎接的應該是璀璨的高中生活，而不是終身洗腎的宣判。就在艱辛努力克服自己生病的痛楚之際，摯愛的雙親又接連發生嚴重車禍和癌症，這叫一個小男孩如何不恐懼，如何不徬徨失措，如何不懷疑自己的人生是否還有未來。

我想我永遠都無法真正感受當時凡甘內心最深處的痛苦，能做的只是在一旁靜靜的支持和陪伴他度過每一次難關，運用自己隨手可得的資源幫助他，讓他知道愛和關懷是無處不在的。

從這小男孩眼中流露出的堅毅（不管這個表現是不是凡甘自認的因為自卑感作祟所致）和善良的個性，我始終相信洗腎是不會打倒他的，在接受哥哥捐贈腎後開啟的嶄新生命，過去種種的切身經歷將會讓他更茁壯，更懂得感恩珍惜這得來不易的幸福。

雖然之後我有長達五年時間不在台灣，但總有從凡甘和淑滿（林口腹膜透析室）護理長捎來的訊息告訴我，這孩子大學生活過得很充實也很精彩，這才稍稍舒緩我因為離開而忐忑不安的心。

從他的書中，清楚了解這幾年他接觸和學習了許許多多不同領域的人事物，這是一輩子待在醫學白色象牙塔的我不可能有的歷練。對於凡甘，我以為是洗腎讓這個本質該是活潑陽光的男孩變得害羞膽怯了，「重生」後的他努力融入團體生活，積極地從事社會改造、創新和公益活動，與其說證明自己是為了隱藏生病後的自卑，我更相信是冥冥之中有股力量引導凡甘，這些磨練和不尋常的經歷就像是老天爺選定了一個人，但仍要反覆確認是否能將協助關懷弱勢和傳遞生命熱情的使命交付給他。

當我看到他和一群小朋友擁抱笑開懷的照片，方知道他成為「Teach For Taiwan」為台灣而教的偏鄉教師，「偏鄉缺的不是物資、不是硬體，是軟體、是陪伴、是照顧、是教育、是穩定優質的師資，是願意去理解這些小朋友在家裡、在學校遇到什麼挫折的老師」，這燦爛的笑容和對偏鄉教育的看法著實觸動了我。

當醫師能救的人有限，但教育卻能改變一個人乃至於一個家庭，甚或社會國家的命運。看到阿甘老師的投入和熱忱，陪伴且帶領偏鄉孩童去勇闖外面世界，挑戰原以為的不可能，這些都可能是改變孩子命運，點燃追尋夢想的一個契機。我想這個時刻的凡甘應該明瞭，這就是老天爺賦予他的使命，雖然沉重但又點甜蜜。

當年那個和同學爭辯「空想」和「夢想」的小男孩，我們的凡甘和孩子們的阿甘老師證明了不但能「做夢」，還做的有聲有色的，一步步朝著實現自己的理想前進。

如今的他早已是褪去蛹殼後的美麗蝴蝶。每每談起凡甘，我曾是滿滿的不捨，但現在多的是驕傲和欣慰。謝謝曾經幫助過凡甘的所有朋友們，他一定會繼續傳遞這份正向能量和生命熱忱，用他自身的故事和影響力，不管是在教育改革或是其他方面，幫助更多的弱勢孩童。

推薦序

從放棄到重生，一個年輕生命的築夢故事

財團法人夢田教育基金會執行秘書　李美嬅

認識凡甘是在他大四畢業前夕，我們透過臉書傳訊希望和他見面聊聊，請他擔任夢田教育基金會的公益天使，和我們到校園分享成長故事。和凡甘初次見面的印象是他像個鄰家男孩，溫柔而羞澀、斯文而堅毅，那年的他正忙於「TFT為台灣而教」第一屆的教師培訓，對未來已有目標和想法，正走在實踐夢想的路上，忙碌教學之餘，同時間也開啟我們夢田公益天使的校園生命教育之旅。

凡甘到學校分享時，自然平實的對孩子們訴說他生命中最幽黯難熬的感受和經歷，一個曾經意氣風發的校園風雲人物，更是運動健將，一夕間突然失去健康，在所有同學忙著隔年高中基測的關鍵時刻，凡甘被迫住院，接受一連串的檢查和治療，接受愈來愈沉重的醫療宣判，才十五歲的少年啊！他的內心充滿憤怒和不平，

此時騎車到醫院照顧凡甘的爸爸又出車禍自此不良於行；當他隻身北上念高中時，深愛的媽媽竟罹患淋巴癌……，凡甘覺得自己拖累最愛的家人，最糟糕的事全都給他遇上了。

孩子們對眼前這位阿甘老師充滿好奇，對他洗腎過程很不忍心，對他曾經想要輕生的念頭，有些孩子是有感觸的！幾乎每場校園分享結束後，都可以看到一群不捨散去的孩子，圍繞著凡甘繼續問東問西，甚至要他簽名留念。從學校寄回的活動回饋表，我們看到凡甘的分享正激勵著許許多多的幼小心靈，給他們溫暖正面的力量，讓孩子們相信自己也有機會成為更好的自己、有更好的未來。凡甘用自己平凡真實的成長經驗，為不同角落正需要被看照的孩子，打上一盞明燈，指引孩子在黑暗中，循著那道光勇敢前進。

凡甘一直走在教育探索的路上，兩年第一線教學實務經驗，讓他體認到現行教育政策，不管是對學生還是教育工作者，都有可再調整改進的方向。他擅長觀察和反思，我們一起到學校時，他感到最不自在的往往是那種威權式、上對下的管教，他理想的教育型態是從孩子的角度去探索這個世界，是引導孩子發現自己的潛力和興趣，對這個世界充滿好奇並願意主動探索和精進，他察覺體制內的教育不見得適合所有孩子學習，為此，他投身教育政策研究領域，希望為偏鄉教育和實驗教育的困境找到突破點。

欣喜聽聞時報出版社將為凡甘出書，讓更多讀者有機會認識凡甘的生命故事，這是一個差點因病放棄人生的年輕人，在獲得重生後，把握分分秒秒和自我深層對話，矢志在教育改革路上，貢獻一己心力，利他、利社會的築夢故事，也期許未來的凡甘能透過教育改革，發揮影響力，讓台灣的教育環境可以更進步。

推薦序

他的存在，將鼓勵著所有同樣面對苦難的孩子

孩子的書屋創辦人　陳俊朗

每次想到凡甘，心中總是悠悠地，也是高興的。

因為工作的關係，我接觸年輕一輩的機會比一般人多。凡甘是其中會一直掛在心中的。因為他的勇敢，他的不屈服和堅韌。

人的一生總要面對諸多的不完美。

有些是心情上的，失戀，考試失利，人際不好……。

有些是生活上的，貧窮，沒有方向的茫然，生病……。

有些是生命的，必須一輩子面對，家裡有人必須一輩子照顧，重大疾病或殘疾……。

弔詭的是，這些不完美通常可以成為讓一個人成熟甚至堅韌的原因，也可以是

將一個人擊潰的理由。

凡甘要面對的困難都是生命的艱難，我理解那種災難突如其來得讓人欲哭無淚的心慌與無力，但我無法想像這些沉重降落在一個高中生身上的重量，更無法體會在這些艱難中還要挺直胸膛需要多少勇氣與努力，還能在每次看到他時，他的表情都好像在說：我還好，我還可以……的讓人悠悠地安心。

陪伴過不少還在生命苦難中掙扎的孩子，知道他們遍體鱗傷的自我保護與警告別人不得碰觸身體傷痕的身體言語，就像一頭刺蝟，拿著針刺痛關心他的人，也拿著針扎自己。

比較難的是如何讓他們理解，這些傷痕必須先承認了它存在的事實，才有可能被療癒或者與之共存。凡甘在這一群孩子中，是個成功的典範，承認不閃躲，接受而勇敢面對，他的存在就已經是一種鼓舞，鼓勵著所有同樣面對苦難的孩子。

對凡甘，有很多不捨，也有很多祝福，確定的是，可以期待，凡甘在台灣教育界的逐漸發光。

加油！

推薦序

用生命影響生命的真正領導者

「Teach For Taiwan」為台灣而教基金會創辦人　劉安婷

二〇一三年七月，我在台大宿舍的一樓第一次見到凡甘。那時他剛結束一個電視採訪，即使忙碌，但還是留了時間給正在猶豫是否要創立Teach For Taiwan的我。到現在，我仍記得凡甘溫柔、堅定、發光的眼神。三個月後，凡甘義不容辭的投入TFT的創始團隊。

二〇一四年七月，凡甘與其他八位TFT第一屆的老師們踏上了充滿未知的兩年旅程。那七百多個日子中，我們真實的經歷了許多刻骨銘心的辛苦（也不約而同地瘦到剩皮包骨），但凡甘卻始終提醒我們，我們或許沒有資源、經驗、人脈，但我們有一份單純的使命，那是最珍貴的資產——我們不「有錢」，卻很「富有」。

二〇一六年七月，九位第一屆老師全數完成兩年計畫。在他們的「畢業典禮」

中，來自各地的校長、學生們述說著他們對老師們的祝福與感謝，我們用力哭著、笑著。我可以說，甚至連我都曾懷疑TFT的價值時，是凡甘一次次的先選擇相信。這樣的相信，讓我們終究「看見」。那天，凡甘說：「TFT是帶著走的印痕，輕輕的、初始的所在。」對我而言，一路走來，凡甘所代表的，便是這平凡、甘甜卻也如此不容易的「初衷」。

二〇一八年七月，凡甘的故事終於匯聚成了他的第一本書。在TFT，我們相信領導力非關頭銜，而是關於生命影響生命。兩年，是為了帶走一輩子的使命與承諾。凡甘便是這樣一位令我們驕傲的「TFT校友」、一位真正的「領導者」。凡甘是我的榜樣、創業夥伴、更是並肩在為「有一天，台灣每一個孩子，不論出身，都能擁有優質的教育」的願景在奮鬥的戰友。不過，透過這篇推薦文，我更想向凡甘的父母與家人致敬：是因為有他們無私的成全與付出，讓凡甘生命中的各樣艱難，化為眾多人的祝福。

如同甘地說的：「My life is my message」（我的人生即是我要傳達的信念）——凡甘的生命，就是這樣一個強而有力的信念。為此，我誠摯的推薦。

感動推薦

在凡甘獲選總統教育獎以前，他從來不說他曾經歷的絕望、崩潰和所有痛苦，因此，當時與他一起執行城市浪人計畫的我，也後知後覺地沒有發現這段故事。後來，第一次聽起凡甘訴說他的生命經驗時，我忍不住心疼地淚流滿面。因為，在我看來，凡甘從來就是浴火的鳳凰，他生命每一份的正能量與他經歷過的病痛成了最顯眼的對比。但是心疼過後，我又覺得充滿感激。感激他願意分享他的人生，這才更能說服更多的人相信——無論生命中有多少無法控制的苦難發生在自己身上，我們始終可以成為帶給別人溫暖、帶給自己幸福的人。

國際城市浪人育成協會執行長　張希慈

這些年來，非常高興能看到有愈來愈多的年輕人，願意投身於台灣的社會創新。凡甘是我看到的這些人中，讓我印象非常深刻的一位。他創辦了城市浪人、得到總統教育獎、投身TFT為台灣而教，到後來全心投入實驗教育。這麼有心為台灣付出的年輕人，他為何會如此熱血、如此有韌性？看了他的故事，你會知道凡甘是如何一路走過病痛、經歷低潮、勇敢不設限，直到加入TFT找到自己夢想，開始投身台灣的教育改革。希望凡甘的故事，能夠讓更多年輕人得到啟發，進而一同為台灣的社會創新而努力！

台灣大學電機系教授　葉丙成

人的真性情是無法掩飾，也裝不來的。我第一次遇到凡甘，短暫交談中，就對他篤定真誠的態度留下深刻印象，後來有機緣，很自然優先邀請他加入團隊。一起工作一年多以來，每件他經手的事，都是他說的「造鐘」，為台灣實驗教育創造了一個新的可能。每件他參與的事，都令我放心又開心。讀這本書，是在和一個真性情的年輕生命對話，可以照見、省思自己如何面對種種生命的挑戰。如果你正在尋找一個有情懷、有思想，又有行動力的年輕人典範，千萬別錯過凡甘這本書。

政大台灣實驗教育推動中心計畫主持人　鄭同僚

自序

因為渴望活著，所以努力振翅飛翔

蝴蝶的幼蟲在羽化成蝶前，需經歷生命中最隱晦、最受壓迫的階段——蛹期。在蛹期，幼蟲會停止進食，它的生命看似靜止，身體卻持續發育著，並產生本質性的變化。直到蝴蝶在蛹裡發育完全，要從空間窄小的蛹裡擠出來，它必須克服巨大的壓迫，將全身體液灌充進新生的翅膀裡，以突破堅硬的蛹殼。那樣用盡洪荒之力的突破，好比盤古撐起天地創造世紀般壯烈。

蛹期對幼蟲來說，是一場命中注定的成年禮，無法順利通過羽化儀式的蝴蝶，就得不到破繭翱翔的權利，只能在黑暗中衰敗凋零。在無從避免的絕境裡，生命因體認到自身的脆弱與渺小，產生的匱乏與急迫感，激發成為奔騰竄流的能量，蝴蝶不斷振翅不是為了紀念浴火的新生，而是在絕望中渴求飛翔與渴求活著，成為蝴蝶身體的使命、活著的意志。

南非作家柯慈在《鐵器時代》曾說：「我衝得愈快，愈感覺到自己是活著的。我為生命顫抖，彷彿我快要從自己的皮膚裡迸發出來，就像蝴蝶出生，或是破繭而出的時候，一定會有的那種感覺。」

我就像一隻蝴蝶，在羽化前，曾經如此靠近死亡、凝視活著的意義，也曾經如行屍走肉般活著、在毫無知覺的生活中感受自己的存在，更曾感覺到胸口劇烈的顫抖、彷彿自己要從皮膚裡迸發出來。

在急診室彷若被閃電劈到的那個夜晚、在冰冷的手術檯上感受意識逐漸消逝、在洗腎室裡倉皇閃躲好奇打量我的目光、撕裂的腹部傳來新植入腎臟竄流的跳動、在操場上自在的喝水狂奔、第一次參與過夜的營隊、擔任系刊編輯完成一篇稿子、站上講台為社團成員上課緊張到無法開口、和同學苦練一夜舞蹈、躺在水草交織的湖面上仰望星空、考到駕照騎車環島、一人在國外流浪迷失在小村落、坐在空蕩蕩的教室迎接學生、被學生反鎖在教室外面、收到學生家長傳來的感謝簡訊……，我的人生曾經碰碎的片段，逐一被填滿、修補，一層一層，為我破繭而出的生命累積厚度與深度。

而離開都市到偏鄉教書，是我至今最重要的流浪篇章之一。當老師的第一年，我像一個從都市返鄉的羞澀青年，滿懷大志走進教室，卻發現窒礙難行、處處碰壁，面對來自制度、家庭與學校反覆在孩子身上堆疊的難題，我手足無措。偉大的理想讓我滿身裂縫，自豪的堅持使我困在自己裡面，除了無比失落，也漸漸能夠體會到年輕教師在偏鄉執教的滋味：輾轉於異鄉流離，面對不盡公義的制度、經年累月磨洗，當青春熱情褪去，最後只剩下一顆滄桑的心，於是有些人離開教育界，自此不聞不問，當然也有人仍堅守崗位，繼續在鐘聲間操練一批批學生。

當堅守的理想破滅，我也才從進步主義、英雄主義的都市觀點中解放，回到偏鄉現實的脈絡中重建自我。遇到困難、挫折時，小孩子常說：「我一定不行啦！」「做了又沒有用！」置身瀰漫失敗主義的教室，我知道，要放下過去學習順遂的成功經驗，審視從小養成的「只許成功不許犯錯」的畏懼心態，才能和孩子一同沉浸在失敗與挫折裡，感受他們的沮喪、自責與無助，也感受他們的渴望、期待與呼喊。我不再質疑自己教學不善、欠缺班級經營技巧，以及人際溝通的脆弱，如同我不再質問孩子一樣，我開始欣賞自己努力嘗試的過程，讚賞自己不避免衝突、不逃避困難的態度，也如同我讚許孩子一樣。

孩子就像一面鏡子，讓我看見自己身上的武裝與包藏其中的內心，當我卸下過去成功的裝備，以及企圖拉拔他們的野蠻，我才能緩緩地蹲下來，用他們的視角，一起看見前進的可能，我看見的可能不再是我的「想要」，而是他們的「需要」。我放下了自己，才能騰出空間，讓孩子進來、讓外在的美好進來，去感受他們生命的重量，也才能再承載重量。

我也不再幻想改變能速成、一夜之間能消除不合理不公平不正義，不再妄想成為能拯救孩子的老師，我只是努力成為一名陪伴者、支持者，在教與不教之間，守望他們。我和孩子，像是在時空長河中短暫穿透的彼此，不得也不失，只是沾染了一些生命顏料，交換了一些時間，然後又各自向前。

我發現教育工作者的路，走起來真的滋味十足，但最大的收穫者仍是我們自己，因為愛孩子，想要讓他變得更好，所以自己也不斷學習、努力成為更好的自己。

謝謝曾經穿透我的生命的人，以及你們在我的生命留下的印痕。有你們才有這本書中長長短短、大大小小的故事，人生也才有輕輕的、初始的所在。未來會發生什麼事情，誰也說不準，但肯定的是，一定有很多變化與精彩的事情等著我們，而我仍是凡事願意相信、心甘情願努力，終將苦盡甘來的凡甘！

PART 1

十五歲 洗腎

平時活潑好動的我，沒想到十五歲時，
當醫師宣判身體的命運後，我曾經擁有的健康、自信，
都在一瞬間瓦解，蕩然無存。
但我無法逃避，只能接受這個殘酷的事情。

願上帝把我的心徹底打碎，
好讓我的心中擁有整個世界！

——德雷莎修女

從小是健康寶寶的我，從沒想到會在十五歲時因腎衰竭成為洗腎患者！國三跌這一大跤，讓我墜入幽黯的深谷。在不見天日的絕望中，我曾有過輕生念頭，幸而親情的牽繫拉住了我，而我的主治醫師余美靜及我視為標竿的林杰樑醫師，有如照進幽谷的溫暖陽光，引領我走向光明。

我了悟，就算失去了腎臟，我仍有做夢的權利，振作才有希望改變人生，我要證明，只要積極努力向上，無論身心遭受多大磨難，都能夠破繭而出！病中苦讀，我考上建中，從桃園北上就學，原以為高中是新生活的開始，不料台北的天空沒有我想的亮麗，租屋在外、每週三次洗腎、課後的打工、學業的壓力、人際互動的挫折……，我的高中三年灰濛濛。

直到上大學前大哥捐腎給我，接受腎臟移植手術的我，絕處逢生！

1

墜谷的十五歲

二〇〇六年十一月三日，我永遠忘不了的一天！那天晚上，媽媽急忙帶著腹瀉不止、持續嘔吐的我去看醫師，從桃園我家附近的小診所轉診到林口長庚醫院，經過醫師問診、抽血、驗尿，等來的結果，是醫師告知我腎臟嚴重衰竭，幾乎沒有功能，我得了尿毒症。

十五歲，充滿朝氣的年紀，我卻在醫師宣判身體的命運後，感覺墜入深谷被活埋，我曾經擁有的健康、自信，都在一瞬間瓦解，蕩然無存。但我無法逃避，我必須體認、接受這個殘酷的事情，最重要的是，我必須習慣它。

晴天霹靂

十月時，我才因為跟學校請了好幾天病假而沮喪不已。那時國三所有的班級都在為來年五月的基測奮戰，沒想到平常生龍活虎的我竟然在這種緊要關頭生病，醫師說是急性腸胃炎，由於很不舒服，我只好請假在家休息。

好不容易可以回學校上課了，但那天放學後到補習班，我又很難受，全身無力，意識混沌，只覺得兩腿緊繃、眼皮沉重（後來才知道這是水腫所致），喉頭一直有股噁心感，但我仍打起精神寫期中考的練習題，但沒多久就吐得一塌糊塗，補習班主任要我趕快回家去看醫師。

回家後我跟媽媽說我很不舒服，媽媽急忙帶我到住家附近的診所看病，驗出尿蛋白高出正常值一千多倍，媽媽嚇壞了，趕緊跟爸爸帶著大哥和我，急奔林口長庚急診室，醫師安排我做一系列檢查。

那天晚上是我這輩子度過最漫長的四個小時，爸爸媽媽也坐立難安，大家懷著忐忑不安的心等著檢驗結果。宣判時刻來到，年輕的急診值班醫師拿著檢驗報告單，臉色凝重的跟媽媽說：「從報告的指數看來，你孩子得了尿毒症，腎臟幾乎沒有功能了。」

我呆住了，媽媽也一臉震驚，那是我第一次明明眼睛是睜開的，卻看不到任何畫面，腦袋中有無數紊亂的跑馬燈快速閃動，原來這些日子以來所有身體的不舒服，持續拉肚子、嘔吐，不是急性腸胃炎，而是腎衰竭引發尿毒症！這個只在新聞中看過的病名，怎麼突然間跟我有了關聯？然後我聽到了哭聲，是媽媽在哭，不是小聲飲泣，而是彷彿五臟六腑都快被嘔出來的那種嚎啕大哭……。

我的情況危急，由於更仔細的病理檢查必須等天亮後請腎臟科醫師會診，急診醫師安排我住院。辦妥住院手續後，我住進病房。一個晚上奔波看病，我雖然很累，但恐懼、焦慮和擔憂占據我所有思緒，後來是在極度疲累中失去意識。

凌晨時我驚醒了，因為突然間我覺得自己彷彿被重物擊中，非常難受，然後我發現自己的身體抽搐嚴重，而且我在吐，從我口中湧出的液體有綠色的、黑色的、紅色的、黃色的……，驚恐中我昏了過去，醒來時人在兒童加護病房，雙手被繩子綁在病床上，原來在我昏過去後，值班醫師緊急把我轉進這裡。

天亮後，專科醫師來了，她在病床邊自我介紹，她叫佘美靜，是我的主治醫師。她告訴我，雖然我還需要接受腎臟切片檢查才能確定腎臟受損情況，但我尿毒現象嚴重，必須緊急插管，進行血液透析治療。

透析（俗稱洗腎）方式有兩種，一種是血液透析（俗稱的洗腰子），一種是腹膜透析（俗稱洗肚子），我一開始做的是血液透析。當天下午我接受了生平第一次洗腎，護理師推來一台體積龐大的機器，從我的鼠蹊部插入粗粗的金屬針頭為我洗腎。洗腎結束後，我只覺得原本飽漲、很不舒服的身體，好像放掉一些氣了，如釋重負。後來我才了解，洗腎會把身體多餘的水分、代謝廢物和電解質都洗乾淨，讓我舒服很多，頭沒有那麼暈了，四肢沒有那麼沉重了，嘴巴也不再發出像排水溝般的臭味。

接下來的一個星期，我都在加護病房裡接受檢查和治療，過著如植物人般的生活：不能翻身也不能亂動，整天躺在床上，眼睛盯著天花板，背部酸麻不已，感覺身體不是自己的。

由於腎臟失去功能，我全身嚴重水腫，肺部也出現積水，必須嚴格控制飲水量，因此連暢快喝水都成了奢望，口渴的時候只能用棉花棒沾水潤潤乾裂的嘴唇；三餐吃著淡而無味的粥飯，飯後則有大把的類固醇、抗生素、血壓藥、利尿劑等各種藥丸等著我吞下肚。

病情暫時穩定後，我轉回普通病房，定時洗腎之外，也持續進行檢查和治療。這段時間，余美靜醫師和護理師姊姊們常常陪我聊天，聽我吐苦水，送花、買書給我，叫我不必多想，對治療要有信心。

一波三折的洗腎之路

住院三個多星期後，腎臟切片檢查報告出爐，沒有我祈求的好消息，確診為慢性腎衰竭，病毒已經在我的腎臟感染潛伏多年，導致腎臟纖維化。余醫師解釋說，我兩邊腎臟的殘餘功能加起來只剩下大約百分之五，就像一間學校沒有了老師、沒有了學生，只剩下硬梆梆的水泥建築與桌椅，也就失去了原本功能。而慢性腎衰竭的治療方案只有洗腎及接受腎臟移植兩條路。腎臟移植不是想做就能馬上做，一般列為中長程目標，我能做的是馬上洗腎。

血液透析是以體外循環的方式淨化血液，患者每星期必須到醫療院所透析三次、每次約四小時。腹膜透析的病患則可以在家裡自行操作，運用自身的腹膜在體內進行體液交換、排除水分及廢物。由於腹膜透析是一天二十四小時不停進行，患者體內的電解質、水分與各類濃度波動小，對身體的影響較小，對還在發育的青少年來說也更為理想，因此在我病情漸漸穩定後，考量出院返家後洗腎的便利性與生活品質，我的洗腎方式由原本的血液透析改為腹膜透析。

開始腹膜透析前，必須動手術將腹膜透析導管經由腹壁插入腹腔中，做為透析液進出腹腔的通道。腹膜透析導管可以一直放在腹腔內不必更換，但導管出口必須保持清潔，避免感染，我出院前上了腹膜透析訓練課程，跟護理師學習如何清潔、護理導管出口、如何固定等，反覆練習，直到我能熟練操作。

從十一月四日住院，經過四十七天，我終於在十二月二十日出院回家，也回到了久違的校園，但我的世界完全不一樣了。原本是運動健將、曾經拿下全校一千五百米賽跑亞軍的我，再也無法跟好朋友們一起奔馳在籃球場及跑道上，因為腹腔內裝有兩千毫升的透析液，就像水壺一樣，當快走晃動身體時，肚子不但會發出咕嚕咕嚕的聲響，腹腔的沉重感也讓我很難受，對活潑好動的我來說，只能克制住想跑想跳的衝動。

失去自由運動的權利，我就像折翼的鳥，委靡不振，加上腹膜透析必須每四個小時更換新的透析液，早上同學到學校的第一件事是丟下書包到操場打球玩耍，我卻要到保健室更換腹腔裡的透析液；四個小時後中午鐘響，同學們興奮抬便當回教室準備吃午餐，我卻還是得先到保健室換透析液；晚上睡覺時，我則依靠機器幫忙更換透析液，一整天下來，很辛苦，很累。

但重返學校沒幾天，我的腹膜透析導管出現阻塞不通，我又住院了。余醫師嘗試各種方式都無法打通管子，我只得進開刀房開腹檢查，好不容易動手術把管子弄正，我的腹腔又因為高濃度的透析液及一連串的治療，壓力過大導致疝氣，透析液灌入陰囊，我又被推進開刀房動手術。沒想到，在傷口癒合過程中，我感染了腹膜炎，只得持續住院，注射各類高劑量的抗生素，以抑制腹腔內的細菌感染，日子就在每天肚子痛、治療、肚子痛、治療的循環中度過。

但這樣和腹膜炎奮戰了兩週，還是殺不死這些頑強的細菌，最後沒辦法，我的肚子又挨了一刀，取出導管，恢復血液透析的洗腎方式。我好沮喪，為何這麼努力配合醫療，又開刀又吃藥，忍受難耐的疼痛，受了這麼多罪，努力都白費了，最後還是只能走回頭路，用不方便的血液透析呢？

這一次住院，我身體的變化不僅是肚皮上長長的刀痕，還因為服用類固醇，原本削瘦的我像吹氣球般腫脹起來，月亮臉、青蛙肚、虎背、熊腰等類固醇的副作用，在身上統統顯現無遺，讓我幾乎認不出鏡子裡的自己是誰。我傷心、難過、沮喪。

禍不單行　爸爸出車禍

俗諺說：福無雙至，禍不單行，我住院已經讓同時要照顧大哥又要照顧我的媽媽忙得團團轉，這個時候，爸爸出了車禍。

我家是小康家庭，父親年輕時上船討海，後來到鐵工廠當焊鐵工人，為了撐起

15歲時，我原本單純的國中生活，因為生病出現天翻地覆的轉變。

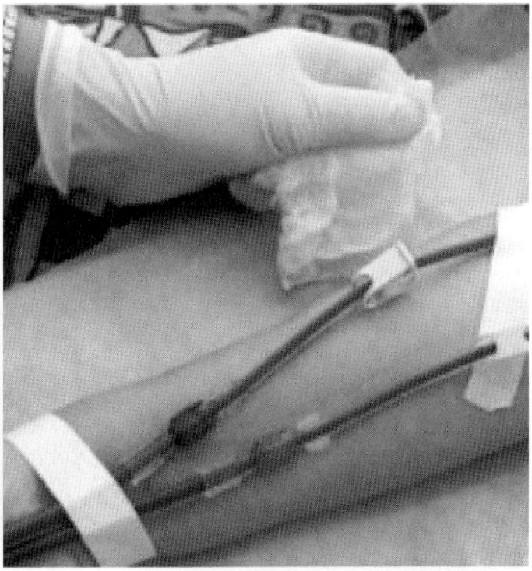

和腹膜炎奮戰兩週後，我只能放棄腹膜透析的洗腎方式，改回血液透析。

出院參加國中畢業典禮，我的臉因服用類固醇而變得腫脹。

家中經濟，爸爸一天工作兩班，上班十六個小時，每天只有不到八小時能吃飯、洗澡、休息和睡覺，辛勤工作三十年如一日。所以我兒時的記憶中，鮮少有跟爸爸相處的畫面，但對爸爸衣服上厚重的汗味，著實印象深刻。那個味道是爸爸對家人的愛，也是我對爸爸的依戀。爸爸雖然個子瘦小，但在我心目中，爸爸就如同鋼鐵人一般強大，扛起家庭重擔。

媽媽是傳統客家女性，善良堅毅、勤儉持家，原本在郵局工作，後來因為工作傷害以及要照顧大哥，回家當全職媽媽。雖然家裡不富裕，不常有家庭旅遊，但媽媽很重視孩子的教育，晚上會陪我寫作業、閱讀，睡前我們會躺在床上聽古典音樂和三字經CD，週末我會跟著媽媽去圖書館看書，是媽媽從小的身教、言教，讓我養成學習的習慣與興趣。

我是家裡的老么，上面有兩個哥哥。大哥凡功大我七歲，因為先天染色體異常及智能障礙，心智年齡大約在六至七歲，且患有癲癇，每一次腦神經不正常大量放電，腦部受到傷害，認知功能就會衰退一些，因此媽媽幾乎是步寸不離陪伴大哥，大哥也是如影隨行跟著媽媽。

二哥凡可大我六歲，國小畢業後就去高雄鳳山讀中正預校，一路念到陸軍官校畢業。二哥很優秀，他個性自律，對自己要求高，人緣也很好，在軍校成績一直很優異。他每三個月回家一次，行李裡都還帶著課本、筆記，他每次回家我都喜歡到他房間東摸摸西看看，我很好奇哥哥看什麼樣的書、聽什麼樣的音樂，翻他課本時發現上面都劃了重點、寫滿筆記，二哥認真負責，一直是我學習的榜樣。

為了全家人，爸爸從事辛苦的焊鐵工作。

我雖然是家裡最小的孩子，但因為工作和照顧大哥幾乎耗掉爸媽大部分時間及心力，小學一年級起我就自己走路上下學，有時爸爸媽媽晚上八、九點才回家，我放學後就自己站在板凳上，開火炒飯做晚餐。

我頭上有一道疤，是小學三年級時洗澡從馬桶蓋上跌下來撞傷的。因為地板濕濕的，怕褲腳濕掉，我站到馬桶上穿長褲，但沒站穩跌下來，撞到頭後我昏迷了，爸爸下班到家後打不開浴室的門，硬撬開門後，才發現我倒在血泊中，趕緊抱起我去急診，傷口很深，縫了二十多針。

沒想到，六年後，換我站在醫院急診室，等待車禍受傷的爸爸被送到醫院！我能勉強承受自己身體的病痛及這場病對我精神上的折磨，卻無法面對摯愛的家人出狀況。

爸爸出車禍那天，我因感染腹膜炎身體相當虛弱。那天下午我像平常一樣躺在病床上，媽媽打電話來說：「爸爸出車禍了，正在送往林口長庚的路上。」我還以為自己聽錯了，原來爸爸下班後從龍潭工廠騎機車來林口長庚照顧我，途中為了閃避停在路邊的小客車，遭左側的連結車擠輾。

得知爸爸車禍，我心裡好急，拉著點滴架和導管袋，從病房步履蹣跚的走到急診室等待，救護車來了，看著醫護人員推著擔架進來，入眼的是爸爸血肉模糊，傷處見骨的左腳，驚嚇之餘，我感覺自己精神恍惚、幾乎無法站立。我知道如果自己昏倒在急診室，會讓也正趕來醫院的媽媽更辛苦，於是我強撐著腳步，回到病床上昏睡。

一覺醒來，得知爸爸正在開刀房動手術，最嚴重的傷就是腳踝以下粉碎性骨折，身上其他地方只是挫傷及擦傷，算是不幸中的大幸。但一家經濟支柱倒下，全家以醫院為家，我和爸爸住院，媽媽一肩扛起所有照顧工作，帶著大哥陪我們住院。白天她搭醫院第一班接駁車到市區工作（因為爸爸車禍，媽媽只好去工作賺錢），下班之後趕車回醫院，照顧爸爸、我和大哥，才幾天時間，媽媽就形銷骨立，我看在眼裡，痛在心裡，為了減輕媽媽的負擔，我都是自己去打針、做檢查、接受治療，自己去洗腎。

萌生厭世念頭

生病以來，我一直在學習面對生病的壓力，但這一次住院，檢查與治療彷彿沒有止盡，除了生病的痛苦，更多的是內心的折磨。從小活潑好動的我，如今被囚禁在病房裡，在這個所有國三學生都在為基測奮戰的時刻，我卻只能看著窗外發呆。

更難受的是，每次我獨自去洗腎中心洗腎，總會接收到許多詫異好奇的眼光，大部分的人毫不掩飾他們的驚訝：「怎麼這麼小就洗腎？」那種揣測與打量的目光，即使不帶惡意，都讓我窘迫與難堪，那些驚訝而憐憫的眼神刺穿我的皮膚，狠狠地將我釘在病床上，更令我絕望的是，無論我如何努力、配合治療，都無法將失去的健康找回來……。

想到自己的身體，沒有盡頭的洗腎人生、沒有希望的未來……，再看到躺在病床上的爸爸、疲於奔命的媽媽、常常情緒失控的大哥，我覺得窒息，難以負荷的龐大壓力，讓我有了想結束生命，一了百了的灰暗想法。

我的病房在十一樓，那一天傍晚，躺在病床上的我如常看向窗外，天色漸漸暗下來，還飄起綿綿細雨。我看著顏色逐漸濃重的夜色，心裡又忍不住想著：「為什麼我會生這種好不了的病？為什麼我們家這麼慘？為什麼……」，我悲從中來，萬念俱灰，起身走到窗邊，把窗戶推開，想一躍而下……，這個時候我轉頭，視線從窗外回到室內，看到了媽媽趴睡在我床尾的身影，腦中忽然出現另一個畫面：媽媽得知我得了尿毒症時哭得撕心裂肺……，從小到大，媽媽從沒這樣哭過。記憶中這個心碎的哭聲喚醒了我，把我拉了回來，厭世的念頭頓時退散。我躺回病床上，徹夜未眠。

直到今日，每每回想起那天的那個時刻，我都心有餘悸。原來生命的本質是如此脆弱，當天邊烏雲擾動，地面上微弱的火光可能就此熄滅飄散，一條生命，三十秒內就可墜地消失。我常常在想，明明死亡是如此輕易而灑脫，活著是如此漫長而艱辛，那為什麼要活著？

死亡或許是種解脫，但痛苦卻要讓愛的人承擔，我問自己：「我願不願意用我的生命交換家人一生的遺憾？」生病以來，爸爸媽媽哥哥不曾放棄我，我怎能不考慮他們，難道我要讓親愛的家人用十年、二十年，甚至一輩子去承受失去我的痛苦嗎？看著睡著了眉頭仍深鎖的媽媽，我告訴自己：「媽媽這麼累都沒有放棄，你怎麼可以放棄自己？」

我不能死，我也不願就這樣死去，不管未來的路多崎嶇難行、不管以後還會遭遇多少可預料、不可預料的挑戰和苦難，徐凡甘，你都必須堅強、勇敢的面對，不要讓爸爸媽媽為你擔心煩惱；而且，如果你連死都不怕，未來還有什麼能讓你害怕呢?!

「明明死亡是如此輕易而灑脫，為何要漫長而艱辛的活著？」因為活著有意義，活著因為愛。

2

黑暗中的光

國三生病後，我待在醫院的時間很長，照顧我的醫護人員中，有兩位影響我很深，他們是林口長庚醫院的余美靜醫師及林杰樑醫師，也是他們二人，讓我立志以後要學醫，雖然後來我沒能達成這目標，但余醫師及林醫師一直是我的典範與標竿。

回頭看生病前幾年的日子，我必須很坦白說，如果沒有這兩位醫師「拉」著我，我基本上死定了！這個「死」，指的不是生命，而是心志，活著如同行屍走肉。現代醫學發達，慢性腎衰竭並非不治之症，靠洗腎再活個幾十年都不是問題，問題是對一個十五歲的孩子而言，腎衰竭、尿毒症、洗腎……，真的太沉重了，我不但墜入深谷，還深陷絕望中，光靠自己，我爬不出這個吞噬精神心志的黑洞，幸而病中遇貴人，他們是照進幽黑深谷的溫暖陽光，為我引路，拉著我往上爬。

第一道光　如師如姊的余美靜醫師

病中影響我最深遠的是林口長庚兒童腎臟科余美靜醫師，她是我的主治醫師，我國三在林口長庚先後住了三次院，都是她照顧我，到現在我還清楚記得第一次與余醫師見面的情景！

那天我從家附近的診所緊急轉診到林口長庚，在急診室檢查後住進普通病房，結果半夜因急性腎衰竭昏迷休克，轉到兒童加護病房急救，天亮後，半昏半醒之間，我聽見高跟鞋敲在地板上的聲音，從遠而近，在我床邊停下，我想張開眼睛看看是誰，卻沒有力氣，此時耳邊傳來一句輕柔的問候：「你是凡甘嗎？你還好嗎？」

這個輕柔的聲音接著自我介紹：「我是余美靜，你的主治醫師。」還沒見到醫師本人，先聽到聲音，以致於日後我每每想到余醫師，第一個想到的就是她高跟鞋敲在地板上的清脆聲音，伴隨著她溫柔的問候！

這個聲音撫慰了我的不安，我奮力睜開眼睛，哇，眼前是一位年輕漂亮有氣質的大姊姊，她對我微笑，跟我說明目前的情況及接下來的醫療處置，當務之急是洗腎，解決我腎臟已經沒有功能的問題。

林口長庚是教學醫院，醫師除了看診、巡查病房，還有教學及研究的工作，但從那天起，每天除了例行查房，余醫師也用她寶貴的休息時間到病房看我，向我解釋病情，說故事鼓勵我，有時候她還會帶小餅乾來看我，或是帶《麥田捕手》這類勵志書籍給我消磨病中時間。我住院期間，余醫師始終像姊姊般陪伴我，為我加油打氣。她是照進我冰冷幽黑深谷的第一道光，總是不斷給我溫暖。

後來檢查結果出爐，確認我的腎臟因高度纖維化喪失絕大部分功能、必須洗腎維持生命時，我完全無法接受。十五歲的我，學業是全校第一名、運動是學校中長跑第二名，生活很單純，就是上學念書、放學運動、週末與三五好友結伴出遊……，生老病死是離自己遠得不能再遠的事情。幾天前我還如常在學校學習，即將迎來人生的第一場基測大考，但一轉眼老天爺告訴我，死亡離我非常近，我必須從生命的尾端過回來、從死亡開始面對人生，這真的不是十五歲的我可以承受的。

我常常覺得自己沒有辦法呼吸、常常覺得自己好像被困在一個醒不過來的噩夢裡，我想捶胸頓足、大聲嘶吼，為什麼？為什麼是我？老天爺為什麼這麼不公平！

我的情緒明顯擺在臉上，我覺得自己無端受害，天底下再也找不到比我更倒楣的人了。知道我無法接受現實，余醫師總是設法消除我的擔心害怕，在我認為洗腎是世界末日時，她告訴我，只要我配合治療，照顧好自己，洗腎還是可以活著很好，加上我年紀還小，洗腎絕對不是一輩子的事，未來還有機會可以移植腎臟（換腎），因此她常常叮嚀我，要吃得好、洗（腎）得好，讓自己的身體處在最好的狀況中，做好萬全準備，如果有一天換腎的機會來了，我才能馬上躺上手術檯接受移植手術！

每天跟余醫師聊天，是我苦悶住院日常裡最快樂的時光。她知道我期待她出現，分不開身時，不忘傳簡訊告訴我，等她忙完手上的工作、大約什麼時候可以過來。每個她的小病人都有她的手機號碼，二十四小時開機，有問題隨時可以找她。

很少有醫師會傳簡訊給病人吧，然而余醫師不但用簡訊跟我聯繫，更時常用簡

15歲的我陷入絕望中，余美靜醫師是照進我幽黑深谷的第一道光，總是不斷給我溫暖。

訊開導我，為我打氣。在一則比較早期的簡訊中，她說：「凡甘，我知道我們遇到很多困難，我也遇到了一些困難，我們可以一起努力，克服我們的困難。」這讓我覺得自己不孤單，有人陪著一起努力。當我後來因腹膜管阻塞再度住院，卻先後引發疝氣及腹膜炎，身體又因服用大量類固醇而腫到走樣，沮喪到連鏡子都不敢照時，余醫師給了我新的觀點：「凡甘，最差的情況都讓我們遇到了，不會有比這還糟的情況了！相信我，情況會愈來愈好的！」

失去很多，但仍擁有很多

有一次，我晚上十點收到余醫師簡訊，由於字數比較多，系統分兩則傳送，我首先看到的內容是：「凡甘，我知道老天爺一開始從我們身上拿走很多，但請相信我，它一定有它的用意，以後會還給我們的。」看到這裡，我忍不住在心裡大聲反駁，什麼叫老天爺以後會還給我？它會讓我的腎臟恢復功能嗎？

我壓抑忿忿不平的心情，繼續讀後半段：「即便所有糟糕的情況都讓我們遇到了，我希望你仍然願意相信我們仍很幸福。要知道有一些人一生下來就沒有健康的大腦可以思考，而我們不僅擁有健康的大腦，我們還可以做夢……」，這段文字彷彿醍醐灌頂，點醒了我，我雖然失去了很多，但其實還擁有很多。

生病以來，我一直處在自艾自憐、怨天尤人的情緒中，覺得這場病剝奪了我的人生，我的未來沒有希望，我常常問自己：「一出生腎臟就沒有功能，與長到十五歲被宣判腎臟壞掉，哪一個好？」但余醫師這則簡訊讓我想到大哥。受限於先天障礙與後天的疾病，哥哥無法有健康的大腦，他無法擁有夢想，而我雖然失去腎臟的功能，但並不影響我思考，我還能選擇要或不要、做或不做，最重要的是，即便一無所有，我仍有夢想的權利與能力。

我發現，如果我不去珍惜自己擁有的，就無法放下已經失去的；如果我一直覺得自己很悲慘，身陷悲慘情節的泥淖裡，我將無法發現幸福，唯有放馬去追尋你真心渴望的，才能放下那些你無法得到的。

當我注意力不再困在自己身上時，我開始關注周遭的人事物，由於十八歲以下都屬於小兒科（十八歲以下的青少年與兒童，身心皆還在發育，生病症狀、病情進展與治療方式都跟成人有差異，因此醫界將十八歲以下病人歸給小兒科），因此我住在兒童醫院。在這裡，十五歲的我算年紀大的了，兒童醫院大多數病患年齡都比我小，當看到因各種疾病住院的小嬰兒、小弟弟、小妹妹，以及一旁心急如焚的父母們，我心裡有一種同理而生的難過，如果我承受了這麼大的挫折，那麼這些稚嫩弱小的弟弟妹妹呢？

無論面對年紀多小的病童，余醫師都會蹲下來、降低自己的姿態和小病人對話，這種屈膝聆聽對方說話的姿態，是我心中天使的姿態。我也觀察到，余醫師非常細心，在陪小病童聊天做心理建設時，她也會提醒家長，除了注意孩子生長發育的情況，更要關注孩子的心理層面。

我後來才知道，遇到余醫師我有多幸運，因為不是所有醫師都願意花時間陪病人聊天，也不是所有的醫師都有耐性跟病人家屬溝通。

因為自己生病，也因為受余醫師影響，我立下生病後的第一個夢想：我想當醫師，我想成為像余醫師一樣的醫師，不只治療病人身體上的疾病，更醫治病人的心靈！考上建中後，我開心的回醫院跟余醫師報喜，並把自己原本偷偷藏在心中的夢想說出口。我跟她說，自己以後也想要當醫師，幫助生病的人，她很開心，開玩笑跟我說：「那你要加油，今天你是我的病人，也許有一天我也會是你的病人喔！」

我上大學後，余醫師為了實踐心中的夢想，赴英國倫敦帝國學院深造，為此她必須中斷手上的工作，暫時放下她疼愛的小病人。我知道她做這個決定並不容易，但她對於理想的追求及行動力，也是我的楷模！

余醫師取得臨床醫學博士後，又回林口長庚服務，繼續照顧腎臟生病的病童，我到現在跟余醫師都還有聯絡，對這位我生病後遇到的第一個、也是最重要的貴人，我要很誠摯很感恩的說一句：「謝謝妳，余醫師！」

第二道光　精神嚮導林杰樑醫師

我會得知林杰樑醫師，是因為余醫師。我生病前並不知道林杰樑醫師，住院開始洗腎後，余醫師以林杰樑醫師為例子鼓勵我。她告訴我，醫院有一位很棒的醫師，在大七當實習醫師那年罹患腎炎，二十四歲起成了需要終身洗腎的腎友。由於自己的遭遇，他立志成為腎臟科醫師，專攻腎臟內科，也因為很多中毒的人都需要洗腎，他也開始鑽研毒物學，為台灣社會做了很多事，我才知道原來林口長庚有一位很厲害的毒理學專家林杰樑醫師。

住院時，很多親友來看我，總是用大量的正向話語澆灌我，說知道我生病很辛苦、還好我很堅強、要我努力……，無一例外。我雖然知道他們是好意，但心裡卻無法接受這些嘴巴上的「同理」，我心想，今天腎臟壞掉的又不是你們，你們怎麼可能會懂，怎麼可能理解我的苦！

從余醫師口中得知林杰樑醫師的事，讓我有一種「找到同路人」的感覺，終於有人能理解我的苦了（但其實林醫師並不知道有我這個人），生病後，我第一次扎扎實實感受到自己不孤單，原來在我之前，已經有人跟我走過類似的路！

林醫師年輕就開始洗腎，家境也不是特別富裕，但靠著自身的努力打拚，成為傑出的醫師，為與他有相同際遇的病友奉獻心力，還是台灣透析治療與毒物科的權威，他的人生經歷簡直就是我的典範！

出院後，我對透析治療與預後生活保健的相關知識，很多都來自於林醫師的相關著作。因為林醫師同時兼具醫師及病人雙重身分，沒有人可以寫得像他這麼感同深受，這麼具說服力。每天能喝多少水、哪些食物能入口、飲食有什麼禁忌、如何選擇好的透析中心等，我都依照林醫師所寫《透析治療患者保健手冊》中的叮囑摸索。那時看了林醫師的書，很大程度幫助我了解自己的身體處在一個怎麼樣的狀態，要怎麼樣去調適、保養。

林醫師被稱為「俠醫」其來有自，出身嘉義朴子中醫世家，阿公跟爸爸都是鄉親敬重的良醫，他就讀台北醫學院時，就召集醫學院同學組隊去偏鄉義診；八〇年代桃園縣大潭村觀音鄉爆發稻米遭鎘污染，這是台灣第一起土地重金屬污染事件，林醫師是第一個組隊前往調查的醫師，後來他又投入高雄後勁中油煉油廠與居民呼吸道健康的流行病調查，以及高雄大寮鉛污染、二仁溪廢五金污染對人體健康的影響等調查。

近年來台灣每隔一段時間就會爆出重大食安事件，從三聚氰胺、塑化劑到瘦肉精，媒體第一個想到的都是林醫師，他也都挺身以他的專業論述，為食品安全把關，捍衛全民健康。林醫師不畏強權，是官方頭痛人物，被譽為「台灣良心」。

而知道愈多林醫師的故事後，我愈欽佩他，一個兩天要洗一次腎的人，精力如此充沛，可以做這麼多事！林醫師書中也提到他的婚姻與家庭，字裡行間充滿對太太譚敦慈及兩個兒子的愛。原本生病後我覺得人生無望，但在了解林醫師求學、行醫的事蹟，以及他婚姻幸福、家庭美滿，我的心結一個個解開了，也對未來重新燃起希望，原來洗腎患者不但能工作傑出、奉獻社會，也值得被愛，也能擁有幸福快

即使林杰樑醫師已經辭世，但他為社會奉獻的精神，是我永遠的典範。

樂！

我想成為林醫師這樣的人！

對那時我的來說，林醫師的存在有如天上的星星，在原本一片漆黑的夜空裡，以他的光亮為我指出一條明路，而我，則以尊敬崇拜的心情仰望這顆星星，希望有朝一日，我也能發光發熱。就算林醫師不知道我、也不曾出現在我面前，僅僅他的存在，就已經抵過千百句激勵我的言語，以及堆在我病床邊的一本本勵志書。林醫師讓我相信，自己也有存在的價值，他做得到，或許我也可以，我的人生還值得期待，我的理想還值得被相信。

良善的火種終將發光

絕望之處，總有希望的光，除了余美靜及林杰樑醫師，在我長期透析的病程中，還有許多陪伴我的護理師姊姊們。記得第一次自己去洗腎時非常害怕，獨自躺在洗腎室病床上，只覺得惶然無助，突然間看到在病房照顧我的護理師姊姊出現，那瞬間我好像看到了光。護理師姊姊特別在百忙中抽空去看我，還帶了金莎巧克力給我，至今我仍記得那顆巧克力吃起來有多甜。

許多曾經幫助過我、照顧過我的護理師，可能她們都忘了曾經為我做過什麼，但這些點點滴滴我始終銘記在心。她們習慣叫我「小甘甘」，而「小甘甘」如今已長大成人，對於病中歲月的醫護人員，永遠充滿著感激。

對我來說，這些照顧過我的醫護人員都是天使，不住在故事書裡，就在我身邊。他們沒有翅膀，但身上有著隱藏的光芒，這種光芒或許平常看不到，但當人們遇到困難、眼前一片黑暗不知所措時，天使就會以身上的光，引導身陷絕望中的人，並在他們心中留下良善的火種，等待未來點燃發光。

因為這些天使，讓我相信自己有一天也能成為某些人生命中的光。我想起在醫院裡面遇到的那些小弟弟、小妹妹，我想成為他們生活中的天使，即使我們如同宇宙間的星星不曾相遇，存在也已讓我們之間有了深刻的意義，我們會一顆顆接著發光，照亮黑暗。

黑暗中的光，引領我們走上光明。

3

灰濛濛的建中三年

我一邊住院一邊苦讀，基測考得比自己預期好，成績可以上建中！但為了北上讀書差點鬧革命，好不容易爸媽同意，台北的天空卻不是我想像中的藍與亮。我在外租屋，生活起居自己打理、身體健康自己照顧、學業功課自己打拚，為了減輕家裡的經濟負擔，我家教賺錢。在課業、生活的雙重壓力下，我三年高中生活其實是灰濛濛的，漫長難熬！

為讀建中　跟家裡抗爭

考上好高中是我國中時的目標，如果沒有生病，以我的實力我肯定能做到，但國三生病後，我陸續住了三次院，住院天數多達九十六天，在分秒必爭的備戰時期，我卻將近一百天沒有操兵，加上身體狀況沒調適回來，我沒有多少把握。

不過在我願意面對生病的事實後，我更迫切希望夢想成真，無論如何，我都想一搏！距離基測還有幾個月時間，在醫院，除了治療、休息，其他時間我都拿來看書，把病床的餐檯當書桌用，媽媽幫我回學校拿測驗卷，我一邊跟著學校的進度自學，一邊寫測驗卷複習。

皇天不負苦心人，我考上了建中，我沉浸在喜悅中，憧憬著美好的高中生活，但爸爸媽媽擔心我的身體，希望我留在桃園讀武陵高中，這樣他們才能安心。

我為什麼執意讀建中？那時我的理由是，生病住院讓我體會到人的脆弱，我以後想要成為濟世救人的醫師，跟我心中偶像林杰樑醫師與我的主治醫師余美靜醫師一樣，所以我想讀全台灣最好的高中拚醫學院。但一直到大學後我才了悟，我當時的理由只是表面的，真正深層的原因是生病讓我自卑，除了破敗的身體我一無所有，我覺得自己很爛，我對自己的人生不抱希望，但若能考上建中，就能證明我的生命有意義，即使生了病，我也不輸人！

那時的心態其實就是將世俗所謂成功的標籤，貼在自己身上，好讓大家都看見。而上建中是那時我能做到且讓人一目了然的成功，更能讓我藏起自卑，去一個陌生的地方，重新開始。

但爸爸媽媽覺得我一意孤行，完全不考慮自己的身體跟家裡的情況。讀建中，一來交通是一大問題，如果通勤，每天搭車往返時間超過三個小時，而我每星期要洗腎三次，我有時間及體力這樣奔波嗎？如果在校外租屋，誰照顧我？食衣住行都要自己打理，爸媽無法放心，而家裡自爸爸車禍無法工作後，雖然媽媽「補位」去工作，但家中經濟仍拮据。無論我是通勤還是租屋，對家裡都是額外的負擔。

在我跟家裡僵持不下時，國中導師高偉和余美靜醫師站出來支持我。導師對我單飛有信心，覺得個性獨立的我有能力照顧好自己；余醫師則從醫療專業跟爸爸媽媽說明，只要我注意飲食、定時洗腎，身體不會出狀況的。

坦白說，誰也不曉得一個十五歲、從未離家、又要洗腎的少年，獨自北上求學會發生什麼事情；又有多少大人，即便知道這個少年或許會跌倒，或許會失敗，仍願意相信他，相信這既然是他的選擇，他就能夠為這個選擇負責，因此在一旁默默守望，給予支持？那個時候，我深刻感受到被別人「無條件信任」的力量有多大，這股力量，給我了更多的勇氣面對北上的挑戰。

林杰樑醫師一家雪中送炭

爸爸媽媽讓步了，我得以北上展開追夢的旅程。

開學前，我到台北找房子，租下一間公寓中所謂的「日式雅房」，因為租金最便宜，僅以木製和式拉門隔出空間。晚上我在房間開燈，透過木框上的窗紙，我在房內活動的身影一覽無遺。

余美靜醫師了解我家情況，我高一那一年，她每個月資助我五千元生活津貼，相當於我在台北租屋的開銷，以減輕我外宿對家裡的負擔。另外，她知道林杰樑醫師的大兒子林泓楨剛自建中畢業，在她的牽線下，林家將舊制服轉贈給我，對我來說真是意外的驚喜，因為我默默成為林醫師的小粉絲已經很久了，完全沒有想到，有一天真的會跟他的家庭有交集！

那天，林醫師、譚敦慈阿姨跟泓楨哥哥跟我約在林口長庚醫院碰面，把哥哥多件建中制服以及一些建中自編的參考書交給我。之後由譚敦慈阿姨開車，目的地是台北我的租屋處。林醫師坐副駕駛座，後面坐泓楨哥哥跟我，林醫師一路上都沒有開口，專注翻閱手上的資料，而我見到偶像緊張又興奮，什麼話也不敢說，譚阿姨跟哥哥倒是熱情的詢問我家中狀況以及到台北的適應情況。

到台北後，林醫師、譚阿姨及哥哥順便看看我的居住環境。我房間的燈泡是黃色的，燭光數不是很夠，開燈後室內昏昏暗暗，譚阿姨打量一番後說，太暗了，根本不能念書，馬上出去幫我買了一盞檯燈，讓我放在桌上。

舊制服像是泓楨哥哥給我的傳承，新檯燈象徵我在台北新生活的開展，這些小事物林醫師一家或許並不會放在心上，卻是我剛到台北感受到的人情溫暖，一輩子都不會忘。泓楨哥哥肩寬人高，他的制服很大，個子小小的我穿在身上並不合身，但滿懷感激之心的我就這樣穿著泓楨哥哥的夏季冬季制服，穿了三年。

新環境新同學　隱瞞洗腎之事

在台北，我展開新生活。第一次拿著悠遊卡搭捷運、第一次騎車在市區夜遊、第一次半夜張羅食物填飽肚子……，在好奇及興奮下，我有了很多「第一次」的經驗。全新的體驗，讓我樂觀的認為人生的低谷已經過去，應該苦盡甘來了吧，我告訴自己，一定要奮力走出生病的陰影。

開學時，我彷彿是劉姥姥進大觀園，我覺得自己來到一個新世界，同學們對我來說好像是另一個人種，有同學一開口就是流利且發音標準的英語，有同學彈奏樂器一把罩，無論鋼琴、小提琴、吉他……都擅長，有人秀出職業級的勁歌熱舞，有人玩魔術方塊玩得出神入化，原來建中的學生不只會讀書，更是多才多藝！各方高手齊聚一堂，真讓我大開眼界。

我大概是班上最不起眼的學生了，既不高又不帥、不擅長任何樂器、跳起舞來僵硬無比，不過同學們並沒有因此看低我，開學不久後，我就融入班上，跟大家打成一片。而純男校、男生班的環境，果然跟國小國中男女合班大不同，全是青春期男孩的教室，常是邋遢凌亂、鬧哄哄的，隨意開有顏色的玩笑、肢體語言也很哥們，下課時有時連籃球都拿出來丟啊砸的，歡樂無窮。

但挫折很快來了！高一上學期第一次段考，全班四十四個人，我倒數第四名。國中時我一直是全校前幾名、上高中卻馬上淪至吊車尾，不驚嚇是不可能的。但想想，同學們個個天資聰穎，從小家裡精心栽培，後天又積極上進，我會墊後不是沒有道理的，幸而跟同學相處融洽，溫暖的友誼撫慰了我，至於功課，就慢慢追趕吧，我必須更加努力。

我因生病領有殘障手冊，但腎衰竭從外觀上不容易看出來，加上因為自卑，希望能被同學們正常對待，因此我對同學隱瞞了自己的身體狀況。建中資源教室對領有手冊的每個學生都配有一位輔導老師，學生有任何問題都可以找輔導老師，我的輔導老師周宜璟非常有愛心及耐心，但我拜託周老師幫我保密，也要求老師不要到教室找我，有事情請老師發電子郵件給我，我再找時間去資源教室。

對那時候的我來說，能夠讓我當「一般學生」，不讓同學知道我是特殊生，就是資源教室對我最大的幫助。周老師明白也體恤我的心情，平常不主動出現在我面前，但我偶爾到資源教室時，她都熱烈歡迎，而且有求必應。高中畢業後我只要回建中，一定會去資源教室探望周老師，感謝高中三年她的陪伴與照顧。

秘密猝不及防被揭開

但天下沒有不透風的牆，也沒有守得住的秘密，學校知道我在洗腎的老師不只資源教室老師，導師、教官也都知道，我生病的事，在我猝不及防的情況下，袒露在全班同學面前！

隨著班上同學愈來愈熟，下課也愈玩愈嗨，對於可以跟大家打成一片，我非常開心。那是下課時間，大家一如往常，從口頭說笑嬉戲，到動手動腳鬧成一團，我在班上的好友、一個身高超過一百八十公分的高壯同學，一把將一百六十多公分的我環抱舉高，我正滿臉笑容嘗試掙脫時，教官正好從走廊經過，看到這一幕，教官氣急敗壞的把窗戶拉開，指著舉高我的同學大吼：「〇〇〇同學，你知道徐凡甘的身體狀況嗎？如果他發生什麼意外，你要怎麼辦？」

教官吼出這些話後，教室裡原本歡樂沸騰的氣氛瞬間降至冰點，時間彷彿停格，大家都定住了，面面相覷，雖然不理解教官為什麼這樣說，但把我抱高的同學趕緊把我放下來，跟我說對不起。

我知道教官是怕我有個萬一，他要保護我，也要保護跟我玩的同學，但他講得太直接，也沒有進一步說明我的身體狀況，我張口，卻一個字都不說出來，也不曉得該怎麼跟同學說我的情況。

但我想，同學們可能有一種「恍然大悟」的感覺，因為開學以來，無論天氣再熱，我始終穿著長袖校服，有時候不小心露出手腕上手術留下的長疤痕及洗腎瘻管，同學不免關心詢問：「手怎麼受傷的？」我都掰一些理由敷衍過去，像這是小時候車禍留下來的疤痕、這是以前打籃球運動傷害造成的⋯⋯。手術疤痕容易找理由好搪塞，但瘻管就難了，同學們可能知道我不想講，加上看我身體並無異狀，都沒有追問下去。

血液透析進行時，護理人員會在瘻管上穿刺兩支如原子筆筆芯粗細的透析專用針，一支針將血液引流出至人工腎臟，另一支針則是將透析過的血液送回體內，不斷循環。所以每次透析都會留下兩個針孔造成的傷口，次數一多，我的手臂上也留下了一層厚厚的傷疤，看起來像是被燙傷的疤痕，其實都是被上百針針頭戳出來的印記。

對長期洗腎患者來說，瘻管的存在是必要的，而瘻管不能重壓，以免阻塞，甚至破裂。依青春期男生動手動腳的玩法，一個不小心，的確可能壓到我的瘻管而噴血，一旦瘻管破裂，出血量等同四肢的主要動脈出血，後果不堪設想。

所以我不能怪教官那麼緊張，但對青春期的孩子來說，同學多重要啊！我的名字叫凡甘，我生病後最大的願望，就是像一個平凡的人，希望身邊的同學朋友平凡待我。剛進建中時，我以為只要我不透露病情，就可以一直得到這種待遇，但教官這「驚天一吼」後，同學對我的態度有了微妙的轉變，雖然大家都很善意沒來多問我的身體狀況，也仍然對我很友好，我沒有被排擠被霸凌，但我成了重點保護對象，在肢體動作上大家再也不像以前一樣對我手來腳去，沒有人敢「碰」我了。

我跟我的好朋友似乎還是好朋友，但卻跟之前不一樣了，他們對待別人跟對待我不一樣，這讓我難以接受且痛苦。大家的小心翼翼，加上我的自卑退縮，讓我退

高中時候的座右銘，在自卑又自閉的三年中勉勵自己。

即便再炎熱，我也穿著冬季長袖厚外套，只為了遮掩手上的傷口。

回暗影中，我變得更加沉默，甚至築起了一道厚實的圍牆，把自己關起來。

孤寂的洗腎身影

社團、課外活動是許多高中學生校園生活很重要很精彩的區塊，但在這部分我是匱乏的。我一直覺得抱著吉他自彈自唱是一件很帥的事情，所以加入了吉他社，可惜很多時候因為要洗腎及打工，社費繳了也不一定能去上課，只能拿著社團發下的講義在家裡自己練自己學。那時我好羨慕同學放學後能留在學校玩社團、打球、溫書，或是去補習、逛街，因為這些都是我那個時候沒辦法擁有的。

課後同學邀我出遊、參加活動，我都拿各種理由比如我要打工、我得去家教、我要回桃園等來搪塞，活在謊言裡的滋味糟透了。一開始同學還會殷勤邀約，但被我回絕多次後大家也就不太約我了，漸漸的我覺得自己不再是他們之中的一份子。

洗腎維持我的身體機能，但對我高中生活影響很大。每個星期一、星期三及星期五晚上五點到十點，是我定時接受血液透析、保養身體的時間，一放學我就得騎著腳踏車直奔洗腎診所，手上粗粗的針管接著透析機器，躺在床上什麼事情也做不了，只好看看電視，或是閉上眼睛休息，讓身體更穩定的承受快速脫離毒素廢物、水分電解質的劇烈轉換過程。

洗腎排掉了不必要的水分，洗腎前後光是體重就可能相差兩至三公斤。洗腎後我會覺得舒服很多，但這過程讓我痛苦不已。痛苦並非是醫療處置帶給身體的疼痛，而是我始終無法坦然面對別人好奇打量的眼光以及同情憐憫的眼神，那是我記憶深層的夢魘。

這種從我在林口長庚住院開始洗腎就躲不掉的眼光，帶給我很大的精神折磨，我常常覺得到洗腎室象徵著我高中一段很絕望的歲月。「這麼小就洗腎，好可憐」等來自年長洗腎患者及他們家屬的竊竊私語，加深我對自己的自卑。

因此我很害怕跟人接觸，索性當起鴕鳥，每當走進洗腎診所，我徑直走到我的位子，不跟其他人有眼神交流，只跟醫護人員說話，同時也閉上自己的耳朵，把旁人的議論當耳邊風。

屋漏偏逢連夜雨　媽媽罹癌

現在的孩子，十六歲的壓力頂多是課業壓力，但十六歲的我，除了課業成績不理想的挫敗，還有不能真正成為團體一份子的失落、洗腎的身心雙重折磨，以及經濟上的壓力。上了高二，我的成績仍然沒有起色，離考上醫科有好大的落差，但更令我感到沮喪的是，當我想要努力、急起直追，卻發現自己被現實狠狠的甩在後頭。

我能夠讀書的時間並不多！

高中時我每天的生活幾乎都是排滿的，早上七點起床上學，放學後有三個晚上去洗腎。高二時，為了減輕家裡的經濟負擔，我在教官推薦下有了一份家教工作，上課地點在天母，每週兩次，每次三小時，但交通往返時間需要兩小時；另外，我也在資源教室老師的安排下在學校工讀，協助視障學弟編輯考卷內容。

上學日的晚上我根本沒有時間讀書，只剩下週六週日這兩天有空，我心裡好急，壓力好大，我自己一團混亂已經夠讓我煩惱了，沒想到這時家裡又出了狀況：媽媽可能因為長期操勞與身心壓力，在我高二下學期診斷出罹患淋巴癌第三期，又是一個晴天霹靂。

所幸從三月檢查出罹癌到那一年年底，經過前後八次化療，媽媽有驚無險捱過這一關。但這十個月，全家人惶惶不安，高度焦慮，因為掛念媽媽病情，我也很難靜下心來念書。

白天在學校，老師同學看我，是樂觀合群的，只有我自己知道我心裡積壓了多少心事、我有多孤單。不知道多少個晚上，深夜十一點我獨自拖著虛弱的身體從醫院走回租處，獨自一人舔舐著生活留下的傷口，所有的心酸、辛苦，我都得自己嚥下去，我多渴望有人陪伴、我多嚮往自由自在的生活……。

整個高中時期，我又自卑又封閉，生活就是每天都在跟時間賽跑，一無所成。高三考完學測，我推薦甄選上了台大農業經濟系，雖說上了台大，但醫師夢碎，我無精打采，做什麼都提不起勁。

不過我並沒有灰心喪志太久，一來高一的導師勉勵我：「想幫助人，隨時隨地、任何職業都可以啊，不一定要當醫師。」二來是我有機會換腎了，捐腎給我的，是我親愛的大哥！

4

絕處逢生　大哥捐腎給我

我能很快從考得不理想的負面情緒中走出來，最主要的原因是在上大學前的暑假，我接受了腎臟移植手術，得以帶著「重生」的雀躍展開大學生活。

等待器官移植　路途漫漫

國三開始洗腎後，醫師也安排我到財團法人器官捐贈移植登錄中心登記，排隊等候腎臟移植的機會。到高中畢業我洗腎已經三年多，高三下學期大學推薦甄選放榜後，離大學開學還有將近半年時間，林口長庚為我換腎的一般泌尿及腎臟移植科醫師江仰仁認為，這段時間很適合做腎臟移植手術，但器官捐贈我已經等了三年多，現在醫師想評估親屬捐贈可不可行。

腎臟移植分為兩種，一種是由沒有親屬關係的腦死病患捐贈的「屍腎移植」，來源少，而且腎源必須跟患者的基因匹配才能派上用場，只能耐心等候；另一種是由病患的三等親以內的近親捐贈的「活體移植」，活體移植的捐贈者必須是與患者血型相合而且身體健康的成年人，通常腎臟沒有發生損害，手術成功率高，唯捐贈者術後要長期追蹤腎功能。

我國三發病後沒有立即考慮親屬捐腎，主要原因是做腎臟移植手術，從術前評估、身體狀況調整，到術後康復與生活適應，需要兩、三個月甚至半年，我勢必得休學，加上如果家人捐腎給我，家裡就有兩個人住院。

但那時爸爸車禍，有兩、三年的時間每天跑醫院做復健，媽媽家庭工作兩頭燒，大哥本身就需要人照顧，二哥在軍中無法照看家裡，所以那時親屬捐贈行不通。我年紀小，身體新陳代謝快，洗腎效果好，醫師認為不妨先洗腎幾年再評估親屬捐贈。另一方面，年輕病患在器捐的排序上比較優先，或許日後會有機緣等到善心人士的大愛。

雖然我「等得起」，但等待器官捐贈其實很折磨人。首先，醫院完成醫學評估後，必須上器官捐贈移植登錄中心的網站填寫「器官移植等候者登錄表格」，患者才能成為器官移植的「候選人」，之後醫院還得定期更新登錄資料，保障等候病患權益。

台灣器官移植手術成功率高達百分之九十七，只要等得到器官，基本上不必擔心手術成敗，但可能受傳統「死留全屍」的觀念影響，加上忌諱生前談論死亡及交代後事，因此台灣器捐的風氣一直不盛。尤其台灣洗腎人口多達八萬人，洗腎盛行率全球第一，因此各類器官中，等待腎臟移植的人數最多。依器捐中心的統計資料，二〇一七年度有超過七千兩百人等候中，但完成移植者不到兩百人，所以在器捐中心排隊等腎臟移植的病患，只能等、等、等。

當器官有來源時（通常是瀕死及腦死患者捐贈），勸募醫院上網到器官捐贈移植登錄中心填報捐贈者資料，此時登錄系統會比對「候選名單」，依照分配原則及評分標準產生「器官分配排序名單」，總分最高者優先，這是因為器官得來不易，希望確保每一個捐贈器官能發揮最大的功能，因此將機會優先給最適合的對象。

一旦確認有器官可移植，醫院會同時通知排序優先的數名病患，接到通知的病患必須馬上趕到醫院做準備，但醫院通知病患的時間不一定在白天，在等待器官捐贈的這三年多，我曾經兩次在凌晨一、兩點接到電話，要我趕快到醫院報到，這種情況通常是有車禍傷患腦死，家屬忍痛決定捐器官。

接到電話只是表示你要準備，因為你只是優先名單之一，並非最後人選，但是接到電話，無論那時在做什麼事情，上課、工作、睡覺，為了爭取一線生機，都要馬上放下手邊的事，收拾行李直奔醫院，因為如果你就是那個幸運兒，待器官送達醫院，就要馬上接受移植手術，術後必須住院一、兩個月，然後還可能得休學一學期或留職停薪一年調養身體，也就是，你隨時要有心理準備，一旦動了移植手術，你會有很長一段時間不能生活如常。

「為什麼我不能捐腎給弟弟？」

從國三到高三，等了三年都沒能等到器捐中心的好消息。高三我確定上台大農經系的時候是四月，到九月開學還有五個月時間，江仰仁醫師認為這段時間適合做腎臟移植手術，他開始考量親屬捐腎的可能性。

江醫師敲定日子約我們全家人商談，身為職業軍人的二哥因為在軍中無法到場，爸爸、媽媽、大哥和我一起去林口長庚。我爸爸因為年齡及身心狀況，沒有辦法捐腎給我，媽媽在我高二時罹患淋巴癌做過化療，不符合捐贈條件；二哥其實很想捐腎給我，只是他請示長官時，長官提醒他，捐贈器官給家屬需要請長假住院一段時日，而且捐贈器官可能影響捐贈者的體能，職業軍人非常注重體能，若因體能衰退被迫退役，還得賠償國家長期栽培的費用，長官奉勸他三思而後行。因此，為了二哥的前程，我們也不考慮讓二哥捐腎。

於是醫師拍板：繼續等待器捐中心消息，此時，全程沉默未出聲的大哥突然開口問：「為什麼我不能捐腎給弟弟？」

大哥天外飛來的這一句話，改變了我的人生！

大哥由於多重障礙，除了跟家人話多了些，在外面他不常說話，從小到大，他都是媽媽的跟班，媽媽人在哪裡，他就在哪裡，平常全家聚在一起時，無論我們在做什麼，他不是在旁邊默默的看、聽，就是做自己的事情。因此那天在林口長庚醫院，醫師跟我們討論家屬捐腎的可能性時，他也是坐在旁邊靜靜的聽。當討論結束、全部人起身準備離去時，他可能很困惑，為什麼醫師逐一詢問家人能不能捐腎給弟弟，但偏偏沒有問他，於是他就自己發問了。

而醫師之所以跳過大哥沒問，就是因為大哥是身心障礙者，醫師不認為智能障礙的他有自主決定能力，但其實中度智障的大哥並非全然無知。

大哥讀國小時，課業在班上當然是落後的，但透過學習，他有基本的識字能力，也會簡單的四則運算。只是小學時哥哥常被同學欺負，把他關在廁所裡，嘲笑他是低能兒，上國中後霸凌情況更嚴重，因此媽媽將哥哥轉到啟智機構。啟智機構重視生活自理能力及一技之長的培養，而不是課業學習，加上他每隔一段時間癲癇就會發作，導致學習能力和社會能力逐漸退步，但對事物的理解能力還是有的。

比如我生病這件事，完全在他理解範圍內。二哥小學畢業就離家南下讀軍校，在家裡，大哥看著我長大，從小我健健康康活蹦亂跳，但國三時我生病了，爸爸媽媽大哥和我有很長一段時間以醫院為家。大哥知道我生了很嚴重的病，住了好幾次

大哥在關鍵時間說了一句關鍵的話，改變我的一生。圖為我們三兄弟合照。

醫院、開過好幾次刀；他也知道我考上建中，而建中是很棒的高中，他常常把「我弟弟念建中」這句話掛在嘴邊，覺得弟弟考上建中好厲害，他與有榮焉，但是他跟我吵架時，也會拿這件事來嗆我：「你讀建中了不起啊！」

但無論如何，大哥身心障礙是事實，而且捐腎這件事太重大了，如果醫師或爸爸媽媽或我主動問他，恐有誘導意味，也有道德風險。

而那個當下，是什麼力量

讓大哥問出這個問題，我想就是手足之情了！

深厚的手足之情

我跟大哥相差七歲，我出生時大哥已上小學。別人家都是「大的要讓小的」，但大哥由於情況特殊，我家是「小的要讓大的」。小時候我不知道大哥是不一樣的孩子，每當兄弟搶玩具、吵架到大打出手，不管是誰錯，媽媽總是要我讓大哥，加上媽媽花好多時間陪哥哥，我常常有被放生的感覺。我很不平衡，心裡很委屈，明明我才是家裡的老么，卻得當老大，事事得自己做，哥哥比我大這麼多，卻好似家裡最小的孩子，備受媽媽呵護，幫他做這個做那個，真是不公平。

因此有好一段時間，我心裡有很多怨氣，我氣媽媽偏心大哥，我還討厭大哥，都是他，害我日子這麼難過……。但隨著年齡增長，我懂事了，終於明白為什麼大哥需要家人更多的耐心愛心及包容。

我開始心甘情願讓著大哥、照顧大哥，二哥讀軍校後，家裡就大哥跟我兩個小孩，我陪伴他、他陪伴我的這種感情，無可取代，因此我到台北讀高中後，哥哥總是非常期待我回家，只要聽到媽媽說「弟弟今天要回家」，他那天就特別有精神，早早拿著板凳坐在家門口等我。而我回到家的第一件事情，就是摸摸大哥的頭，然後跟爸爸媽媽報到，再轉頭問大哥：「哥哥餓嗎？我們去吃東西吧。」

走去小吃店的路上，大哥會跟我聊天，雖然說得顛三倒四、辭不達意，但長久相處培養出的默契，我知道大哥在說什麼。到了店裡坐下點餐，因為大哥大字已經不認得幾個了，我就念菜單給他選，他通常選我念的第一道食物，其實不管吃什麼，大哥都吃得很香，彷彿在吃全天下最美味的食物。

這些日常的點點滴滴，就是我跟大哥的幸福時光。我知道大哥很愛我，但我沒想到，大哥愛我愛到願意捐腎給我。

同時，當天大哥這一句「為什麼我不能捐腎給弟弟？」問得時間點太關鍵了，如果他沒有在那個當下問，而是離開了醫院才問，其實沒有用，因為醫師不在場。他就是在那個瞬間，做了一個對我及對他自己很重大的決定！

要不是大哥主動提出捐腎之事，我們根本不可能去走後面的流程。活體腎臟移植的大前提是，捐贈者捐腎後完全不影響自身健康，因此前置作業繁瑣浩大，捐贈者與受贈者必須先一起到腎臟科門診，接受醫師安排的各項醫學配對檢查，配對符合後，手術醫師會對雙方及家屬說明摘取器官的範圍、手術的過程，以及可能產生的併發症、危險性如何等，讓大家充分了解。

接下來還要會診精神科醫師及社工師，對捐贈者與受贈者做完整的精神醫學及社會心理評估，之後捐贈者簽署捐贈同意書，醫院再彙整所有資料，送院內醫學倫理委員會審查，審查通過後，才能開始安排移植手術。手術完成後，除了醫療方面的照護，社工師還會再訪視捐贈者與受贈者，提供社會與心理的支持與照顧，協助解決其他適應問題。而術後追蹤治療不只受贈者需要，腎臟科醫師也會對捐贈者長期門診追蹤，留意他的身體狀況。

加上大哥狀況特別，在會診精神科及社工師這部分，更是要再三評估，確認大哥是在自由意志下做的決定，也能承受做這個決定的後果。

從大哥問「為什麼我不能捐腎給弟弟？」到醫學倫理委員會審查通過，共花了將近三個月時間，二〇一〇年六月二十二日我和大哥同時住院，做術前準備，六月二十五日進行移植手術，由大哥先開刀摘取一枚腎臟，我再接受移植手術。

那一天，大哥進手術房後，我在外頭等待，我擔心大哥比擔心自己多，大哥手術進行好久，隨著時間一分一秒流逝，手術進行快十個小時了，我緊張不已，開始胡思亂想，這是正常的手術時間還是大哥出了什麼狀況？麻醉時間這麼長，對哥哥會不會有不好的影響……？幸而大哥手術順利，而接在後頭的我的腎臟移植手術，也在器官移植醫護團隊的巧手下，順利完成。

換腎後 我的靈魂不再被禁錮

腎臟移植手術是從腹部開刀，植入新腎臟，但並沒有拿掉我原來的兩枚腎臟，而是將新腎臟的血管接到我的腹部血管，再將新腎臟的輸尿管植入我的膀胱壁上，所以動完手術後，我體內有三枚腎臟。

手術後我醒來時，覺得喉嚨乾澀，滿滿的麻醉藥味，我想是因為全身麻醉時插入了輔助呼吸的導管所致；我的腹部裹了一層層厚重的繃帶，讓我動彈不得，我嘗試移動手臂，不料牽扯胸腔，連帶讓腹腔的手術傷口有如撕裂般劇痛。

開刀的傷口約有十六、十七公分長，布滿縫線，術後傷口第一次換藥時，見到隆起的腹腔，我心情複雜，因為隆起的肚皮下面，就是大哥捐給我、如拳頭大小的腎臟。起初身體不適應這顆外來的器官，我有一種肚子裡突然被塞入一顆石頭、還有熱熱血液竄流其中的噁心感，令我非常不適，然而適應之後，它就像我的第二顆心臟一樣，一天二十四小時不間斷工作，擔負起排除體內廢物的重責大任。

手術完成後，除了吃藥打點滴，我身上還接有導尿管、引流管，術後的第一個星期，基本上我就像木乃伊一樣躺在病床上，稍微翻身都會劇烈疼痛。術後半個月，確認新腎臟運作正常、陸續拔除身上的管子後，就可以出院。七月十一日是我出院的日子，步出醫院那一刻，我好激動，覺得空氣好新鮮、藍天白雲好美麗，我終於告別痛苦的洗腎生涯了，我自由了！

移植後我得每天服用抗排斥藥（免疫抑制劑）和相關配合藥物，還要按時回診抽血追蹤，初期每星期要回診一至二次，等新腎臟的功能穩定了，我就可以像其他慢性病患一樣，一兩個月回診一次就好了。

雖然剛換腎的那個學期，我因為發生排斥現象而住院，又因為使用高劑量的抗排斥藥，導致免疫力降低，感染肺炎，前後住院將近一個月。但換腎後，我只要按時吃藥、定期回診追蹤檢查，平時再也不必花好多時間跑醫院洗腎，對我來說，換腎真的就像獲得新生，這是自國三腎衰竭後最大的恩典了！

幫我動移植手術的江醫師常在我回診的時候說：「你一定要好好珍惜這顆腎臟，因為它有不一樣的意義。」我知道這顆腎臟象徵著哥哥對我的愛，我要好好守護它，用它好好地活著。後來我在一次應母校邀請回建中分享我的生命故事時，講到大哥捐腎這一段，台下一名學弟拍手鼓掌，帶動全場學弟與老師都為我大哥鼓掌，我忍不住熱淚盈眶，如果沒有我大哥，就不會有如今的我，沒有什麼比和大哥一起接受榮耀更令人振奮了！

響應器官捐贈

對我來說，如果沒有大哥捐腎，我不會有豐富燦爛的大學生活，也沒有機會探索自我、重建自信心，我的人生將完全不是現在這個樣子。器官捐贈實在是一件非常重要也非常值得的事情，所帶來的不只是生命的延長，更是受贈者整個人生及生命價值的改變！

根據衛生福利部中央健康保險署的資料顯示，每年健保的洗腎支出超過五百億元，是健保支出最高的疾病，平均每名洗腎患者花費五十萬元；換腎的成本則每名病患約三十三萬元，低於洗腎，而且換腎後就不再有洗腎的花費。

一個需要洗腎的青壯人士，因為健康欠佳，可能無法工作，或是只能打零工，但換腎後，他能回歸社會謀一份正職工作，他從消耗社會資源變成有生產力、創造經濟收入貢獻國家社會，是一個很大的翻轉。

雖然我的身體狀況不一定允許我身後捐贈器官，但我還是簽了器官捐贈卡，當我有機會在公開場合分享我的生命故事，我都會想辦法「置入性行銷」器官捐贈這個議題，希望大家多了解器官捐贈的內涵與意義，身體力行響應、支持。

PART
2

當我成為台大人

我憧憬年輕時勇敢出走、流浪，做特別的事情，不留遺憾。
我相信，流浪是異地的反思，反思是原地的流浪，
透過流浪與反思，
我們能在歲月中為生命注入能量。

地上本沒有路，
走的人多了，也便成了路。

——魯迅

新腎臟為我的生命注入活水，原本靈魂奄奄一息的我，有了展翅高飛、自由翱翔的能力，在台大開啟校園生活新頁，度過精彩豐富又充實的四年。

大一大二我投入新生書院工作，培養出籌辦活動的能力；我在不同學程與社團結識不同學院的校內外朋友，大大開拓視野。大三加入探討社會企業的「不同凡響社」，讓我探索出人生方向，之後與好友到柬埔寨的創業旅行，以及與同學創辦「城市浪人——流浪挑戰賽」，我深深體會到青年是改變社會的力量，我敦促自己變得強大，為社會帶來正向改變。

大三獲得總統教育獎，是人生重大轉捩點。獲獎讓我的故事公諸於世，打破我一直不願談論生病歷程的心防，而透過分享生命故事啟發他人，我自己也獲得前進的力量。

5

撥雲見日的大學生活

大學開學前我換了腎，重獲時間掌控權，一天二十四小時都屬於我，不必再被洗腎牽制，我原本以為我同時擁有了行動與心靈的自由，但開學後發現，我的心並沒有跟著自由。受生病影響，我的生命觀及思維模式與多數同學不同，大一面對跟自己有著截然不同成長歷程的同儕，我心情複雜。我好羨慕同學們的單純、歡樂與自在，他們展現了年輕人的青春、驕傲與奔放，聚在一起總是侃侃而談、開懷大笑，相形之下，我像是一個心事重重、鬱鬱寡歡的小老頭。我很矛盾，一方面想要融入他們獲得認同，另一方面卻對自己不夠有信心，質疑自己無法像他們一樣。

所幸，勇於行動為我帶來改變。由於高中時期的社團及及課後活動幾乎空白，大學我廣泛參與各種活動，開啟校園生活新頁，並結識許多不同學院、不同與趣的朋友。認識這些人，彷彿打通了人脈與視野的神經突觸，我觸及跨領域的議題，開始修農業經濟系以外的課程，像是領導學、傳播學、政治學、生命科學、哲學……，我在學習中獲得信心，也探索出人生方向。我的心，陰霾散去、撥雲見日。

新生書院的磨練

學校活動中，新生書院我投入甚多，新生書院創辦於二〇〇八年，全名為「新生學習入門書院」，是台大每年為迎接大一新生，在開學前辦理的四天三夜營隊活動。

新生書院是學務處年度重頭戲，課外活動組遴選舊生組成工作團隊籌辦活動，也遴選近百名來自各系的舊生擔任隊輔，帶領新生認識學校各個角落。我自己是新生時受益於這項活動很多，大一得知新生書院遴選團隊工作人員，我鼓起勇氣投件，希望成為團隊一員，也彌補高中沒有社團活動的遺憾。

但正因我沒有社團與規劃活動的經驗值，履歷一片空白，加上大一時的我很稚嫩，不太敢在公開場合說話，拿著麥克風手就發抖，面試時被刷掉了；我鍥而不捨，接續報名隊輔甄選，才獲錄取。大二我再接再厲報名工作人員，這次就順利錄取了。

大二面試我的學務處新生書院業務承辦人小如姐後來跟我說，當年的我真的是很菜、能力很不足，「但面試時大家看到你眼神在發光，充滿熱情與鬥志，所以才選你」。新生書院可以說是我從害羞膽怯的小男孩轉變成開朗活潑少年的孵化器。

新生書院培養我團隊共事的經驗，多元的社團活動豐富我的大學生活。大一我加入吉他社及證券研究社，參加吉他社是想把高中沒能學起來的吉他學好，參加證券研究社則因社團社長是我們農業經濟系大三的學長，學長在系裡大力招攬學弟妹加入社團，一來捧學長的場，二來是想多學些東西。

入學後，我了解農業經濟系比較偏應用經濟，只是應用的主體是農業。農經系畢業生大概有三分之一經過國家考試成為公務員，三分之一從事金融業（銀行、產業與投資），另三分之一繼續就讀研究所或從事其他領域工作。我無法預知四年後我屬於哪三分之一，我想，既然不知道自己四年之後會做什麼，多涉獵各類經濟領域總是好的。

大三時因緣際會加入台大的「不同凡響社」（NTU Net Impact，二〇一一年三月成立，原名「不同凡響社」，後改名「社會創新社」），沒想到我竟然在這裡找到人生方向！

世界因叛逆而不同

我大一就加入證券研究社，到大三時已學了兩年的投資理財，同時還接下社長一職，雖然我認真學習，也盡心盡力帶領幹部投入社務，但我對證券研究始終燃不起熊熊熱情，賺錢似乎不是我的人生首要目標。大學生活已過一半，我發現自己對於社會議題及政策很有想法，但投身農業經濟、成為公務員並不是我未來想走的路，以後要做什麼？我還抓不到方向。

「我們常常在生命中增加歲月，卻鮮少在歲月中增加生命。」這段話常常提醒我要隨著時間做個有生命的人，而非有歲月的人。經歷換腎重生，我深深覺得自己的生命要用在自己認同、充滿熱情的事情上面，我並不想做一個朝九晚五的上班族或公務員，也不想為五斗米折腰，我的理想是從事具公益性的工作，我覺得這是我的使命，但要怎麼進行，我還沒有頭緒。

進入台大不同凡響社，我找到了方向！

台大不同凡響社是台灣第一個探討社會創新與社會企業的大學生社團，也是國際性非營利組織「Net Impact」在台灣第一個分會。「Net Impact」發源自美國舊金山，一九九三年由一群MBA學生成立，宗旨是培養學生以社會企業的商業力量，創造企業與社會的共享價值，讓社會和環境都具永續性。

剛入社那陣子我讀了很多相關書籍，逐漸了解社會企業的概念，簡單來說，社會企業就是公益組織與營利事業「二合一」，企業體同時具有公益性與商業性的特質，運用商業力量解決社會問題。社會企業基本上「利己」又「利他」，比起單純捐款幫助弱勢團體，作法更為積極，我非常有興趣，渴望有機會親身參與。

書裡也提到一個概念：「改變世界的人，往往都是叛逆的瘋子。」比如發明家福特、慈善家德蕾莎修女、公民領袖甘地，還有發起窮人銀行的社會企業家尤努斯。這些撼動世界，引領時代潮流的改變家（change maker），心中都有一股不可動搖、絕不妥協的叛逆。

像福特活在用馬及馬車代步的年代，沒有人能想像有朝一日會用機械代步，甚至覺得這個想法可笑，但福特堅持研發；德蕾莎修女為貧病交加的窮人奉獻一生，遭到當時許多人嘲笑，認為毫無意義；聖雄甘地主張「非暴力、不合作」運動，反對英國殖民政府的《食鹽專營法》，帶領群眾徒步三百九十公里到海邊取鹽；尤努斯想開設一間銀行，專門貸款給繳不起利息的窮人，遭到銀行家訕笑，認為不可能成功。可是他們內心都有一股強大的、改變世界的信念，儘管在世人眼中他們瘋狂不切實際，然而，他們的堅持及執著改變了世界。

當我了解社會企業的精神與內涵，我眼睛亮了，心也亮了，這就是我想做的事！

推出「台大制・皂」商品

在台大不同凡響社，當社員了解社會企業運作模式後，就要研擬創業計畫，並組成團隊把想法落實為具體可行的商業模式，在校內嘗試創業。

在我入社之前，不同凡響社已經著手以「綠色校園」為主題創業，用環保素材為台大設計製造具代表性的台大紀念品，取名「MIT台大原生商品」（MIT意為Made in Taida），初期推出的有手工環保紙袋及「台大制・皂」手工環保皂。我大三入社擔任學術幹部，也從學長學姊手中承接「台大制・皂」專案，成為那一年的專案負責人。

手工環保皂主要是回收學生餐廳廢棄的食用油，加上鹼片、水、糖、鹽、咖啡渣等原料製作，不同凡響社每學期大約有四十個社員，包括我有十多個新成員投入這個手工皂專案。我們每個星期聚會討論專案細節、做皂，外包裝我們蒐集星巴克、麥當勞的外帶紙袋摺成紙盒，盒內的內墊使用學校回收的A4影印紙，再把手工皂放進去。消費者買回手工皂，會發現盒內的A4紙可能是數學系期中考的試卷，或是某系某同學寫的某一科心得報告，十分有趣，而且也跟學生的校園生活產生連結。

我們把握台大各種人潮較多的活動如杜鵑花節、校園博覽會、校慶等擺攤銷售，對趨前詢問商品的消費者，我們會花時間陳述商品的由來與理念，用故事打動顧客。只是我們使出渾身解數，環保皂仍然賣不好，身為專案負責人，我不斷分析、省思、找原因，發現最主要的癥結，是商品競爭力不夠。

會光顧我們攤位的主要是大學生及帶小孩到台大玩的家長。學生認同我們的品牌理念，但手工皂一塊一百五十元，學生難以負擔，媽媽們有消費力，也會受我們做手工皂的理念感動，但她們更關注我們的手工皂跟其他市售品牌的手工皂有什麼不同、洗淨力如何，每回擺攤，幾乎都是詢問者多、購買者少。

所以社會企業不能寄望僅用理念打動消費者，終歸還是要面對一個殘酷的現實：產品跟服務的競爭力在哪裡？

市售手工皂使用新油、添加香料、洗淨力強，價格又低廉，而我們全部用回收油，我們做皂的技術就必須比別人強，品牌行銷能力也要比別人好，否則在市場上

「台大制．皂」，從原料到包裝都使用回收素材，是我的校內創業初體驗。

加入不同凡響社，透過社會創新專案，我找到改變自己與社會的力量！

根本不具競爭力。唯有自己夠強，比一般企業更努力好多倍、更專業好多倍、更厲害好多倍，才能同時做到對社會有正向意義又能獲利這兩個目標。

我也體會到，「創新」與「善念」既是社會企業的重要精神，那麼我們社團要推廣的，不是鼓勵大家日後加入社會企業或創辦社會企業，而是把社會企業的精神當成一種對美好生活的期待，在生活中實踐，比如選購對社會與環境友善的商品……。因為「要改變世界不是一個人做很多事，而是很多人一起做事」，累積力量，才能真正改變社會！

山的考驗

我喜歡在社團活動中實踐課堂所學習的知識與理論，這個過程能挖掘出我的興趣與專長，讓我更認識自己，比如我發現我對公眾事務及新創事務有興趣，而且我很擅長抽象思考，讓兩個不同的概念產生連結，也很嚮往與夥伴一起創造新事物的工作氛圍。

於是我輔修政治系、創意創業學程和領導學程，積極的在本科系以外探索與學習。雖然因時間有限，沒能順利在畢業前將這些課程修完，但其中的「政治政策」、「設計思考」、「使用者經驗」、「團隊學習與戶外領導」、「組織運作導論」等課程，讓我受益良多，也更嚮往投入社會政策與創業。

其中「團隊學習與戶外領導」這門課我印象最深刻。我們用一學期時間準備攀爬南湖大山，從規劃糧食、裝備、路線、體能訓練，到培養團隊默契等，出發時，我們每人背著裝有超過十五公斤的炊具、糧食、帳篷及裝備的背包，開展十天的登山行程。

生命是由時間與空間所建構的感官維度，都會人生活步調快速，專注於眼前的工作與生活，於是周遭人事物變得模糊不清，人與環境也失去關聯，喪失了空間感與時間感。登山就是將我們抽離「失感」的狀態，在原始自然環境中，透過一步步的規律踩踏，校正身體的節奏感，也在登山過程中與環境對話。在一天超過十小時的長途跋涉後，我們沒有選擇在炊事棚中避雨，而是漫步在綿綿細雨中，吃著粗糙方便的咖哩飯，品嘗沐浴大自然中簡單卻難忘的美味。

我還記得在登山旅途中，林相從複雜的闊葉林變成單純的針葉林，雲霧從頭頂漸漸飄到腳下，視野變得寬廣、影像愈發立體，好多陌生的植物、昆蟲、鳥類出現在眼前，像在迎接我們。走過一處溪流源頭時，發現水裡盡是鬆軟水草交織的海綿體，像是山河母體孕育著萬物的起源，被山巒緊緊包裹著，水氣也纏繞呵護著，畫面神聖且令人驚豔。

團隊領導的重點在於能否發掘彼此長處、進行妥善的組織安排、遇到困難時能否互相支持與合作，完成團隊目標。行前我們分工明確，每個人都有適合其特質的角色與發揮的空間，像嚮導負責引領團隊前進、守時者與糧食官提醒時間與糧食補給、領隊押後協助落後的夥伴，另外還有露營炊事、帳篷與勘察的分工。旅途中，夥伴間互相激勵的加油聲，鼓舞也凝聚團隊士氣，我們讓走得慢的夥伴走在隊伍前頭，以確保團隊行動一致，當有夥伴體力透支或受傷時，則一起分擔背包重量，必要時更改當日行程目標。

登南湖大山第四天，我們收到山下訊息，告知將有颱風侵台，一旦山路崩坍，我們可能受困山中，撤退嗎？我們陷入長考，為了這趟登山，我們花費很多心力，

攀登南湖大山的考驗，撤退與否，是艱難的決定。

沒有人想放棄，那天晚上全隊二十一人討論是否撤退，我們關掉山屋的燈，大家圍成一個圈，氣氛凝重，甚至有夥伴開始啜泣。我們共同的目標是登頂，但我們面臨了共同的難題，就是颱風，我們要做出決定與應變方案，但原則是所有夥伴同進退，不是一起前進、一起留在山屋，就是一起撤退，不能有任何人例外。

我們一個個發言，坦誠分享自己的情緒、想法、觀點，一開始，支持在山屋多留一天觀察天氣變化、或趕路到下個山屋避難的夥伴占多數，但當每個成員都發言後，我們做出撤退的決定，說服我們的理由是「山永遠在那裡」，這趟旅程帶給我們的感動與遺憾我們還能再回來承接，但人命是冒險不起的。

做出艱難的決定後，大夥一起走出山屋，颱風來前天空萬里無雲，斗大的星星映入眼簾，我們從未看過這麼明亮立體的星星。看著清朗的夜空，我們心情也清明起來，我們感激團隊成員沒有任何一人因眷戀厚實的屋頂，而失去欣賞浩瀚繁星的機會，我們也深刻體會到「撤退比登頂更難」。

聽到更深更遠的鼓聲

美國作家梭羅在《湖濱散記》裡有一段描述一群同伴一起聆聽鼓聲齊步向前行的情景：「當鼓聲咚咚響，大家齊步向前走，若你的腳步與他人不同，別擔心，別因害怕而懷疑自己，你只是聽到更深更遠的鼓聲。」

這段文字對我深具鼓勵作用，當同學們努力拚課業，準備轉系、雙主修或出國交換時，我對教室外的活動更感興趣。當我與他們選擇不同的道路，把學習重心放在系外活動時，我總想起梭羅這段話，因此，我堅定的跟隨自己聽見的聲音前進。

大三時，我在農經系的一個好友二度重考，他第一次考大學因成績不理想重考，分數可以選擇台大很多學系，但因他父親認為讀農經系日後考公務員，工作較為穩當，他壓下自己當時對心理學的興趣，聽從父親的建議，但入學後發現毫無興趣，他選修醫藥與腦神經科學的課程，確認自己志向後，大一大二嘗試轉系、轉學皆不順遂，大三他又重考，考上南部一所大學的藥學系，得償所願。

離開農經系的朋友不只他，大一大二常常玩在一起的同學裡，到大三時已經有三分之一說再見，或轉系、轉學，或重考，不只如此，我周遭也有其他系的朋友，讀電機的轉往生物發展、從事傳播的跑去當老師……，還有一個朋友，原本讀醫，後來重考讀電機，研究所讀電子相關，最後發現管理與行銷才是他的最愛。

追問原因，很多人當初選擇大學科系並不是因為喜歡或自我認同，而是被社會價值觀及家庭期待綁架、被父母的愛及名校光環勒索了。上大學前，我們花太多時間念書考試，沒有時間探索興趣與專長，考大學選填志願，大多不是基於對自我的認識及對校系的了解而做出選擇，最終在認清自己志趣時選擇離去。

我們就像一群在森林中集結前進的士兵，聆聽著遠處傳來的鼓聲，乍看之下我們的腳步整齊劃一，但其實每個人都聽見不同的聲音，踩踏著不同的步伐。我曾以為聽別人的聲音、走別人走的路是安全的，也曾因與別人不同而感到擔心、害怕，但在遇到很多很獨特與很美好的人之後，漸漸明白，我不是唯一踩踏不同步伐的人，我不需要因為害怕自己與別人不同而隨波逐流，況且跟隨別人而不了解自己、不相信自己，反而更危險。

我們要相信，自己聽到的是更深、更遠的鼓聲，而那個鼓聲，是為自己而發的心聲。

6

那些朋友們教會我的事

在海闊天空的大學生活中，社團擴展了我的生活面向，朋友則帶給我許多力量，對我的人生有不同層面的影響，其中幾位特別的朋友，更是深深刻劃在我的生命中，也讓我更堅定日後要走的路。

卓佑宣　勇者的畫像

二〇一二年年底，我在TEDx Taipei（TED是一個以宣揚值得分享的好概念為宗旨的非營利組織，TEDx則是提供全球個人或團體機會，自行組織、舉辦在地的活動；x代表獨立運作的組織）的演講活動中認識了就讀師大附中的佑宣，我和她有一個共通點，就是我們都是器官移植的受贈者，這讓我們很快建立起如兄妹般的情感，經常相約吃飯，彼此加油打氣。

佑宣出生於美國阿拉斯加州，早產的她患有先天性膽道閉鎖症，膽汁無法順利流入十二指腸，她一出生就開始等待器官移植，她的爸爸媽媽因配對不合無法捐肝給她，她十一個月大時，合適的肝臟出現了，她接受肝臟移植手術，那顆從紐約送往阿拉斯加的肝臟，延續了她十九年生命。

雖然佑宣在二〇一四年二月因膽道發炎併發肺部感染過世，但十九年的人生她沒有虛度，她樂觀開朗，認真過每一天。佑宣八歲跟媽媽搬回台北時，中文表達能力並不好，但後來她考上師大附中，不難想像這中間她付出多少努力。

我跟佑宣見面時，聊的多是學校生活，佑宣對設計很有興趣，也有這方面的才華，在她擔任附中創意設計社社長時，我曾經去參觀她們的社團成果展，她的作品讓人驚豔不已。離世前不久，她才告訴我，她計畫出國讀設計，言談中對未來充滿夢想與憧憬，我為她高興，也相信以佑宣的能力和實力，日後她一定是設計界閃亮的新星！

沒想到再有她消息，就是她肝功能衰竭住院，併發嚴重的感染及排斥，情況危急。我趕到醫院，進入加護病房探視佑宣，看到一向活潑的她躺在病床上，身上接了各種管線，心裡好痛，但除了為她加油跟祈禱，我不知道我還可以為她做什麼。

佑宣沒能捱過這一關，她永遠離開我們了。

而在佑宣離世半年前，我才經歷林杰樑醫師驟逝的震驚與悲痛。林醫師是我仰望的英雄，佑宣是我親愛的妹妹，先後離世，對我打擊很大。這兩顆星星的殞落，讓我深刻體會生命無常，我們永遠不知道「意外」與「明天」哪一個會先到。佑宣在換肝十八年後走了，我呢？換腎之後，我能有多長的生命？面對林醫師與佑宣妹妹的死亡，思索著他們人生奮鬥的歷程，我釐清了自己的目標，我意志堅定的告訴自己，與其擔憂未來，不如把握現在，珍惜每一個黎明的到來，這是活著的我目前最有能力去做的事情之一。

卓媽媽失去唯一的女兒，哀慟不在話下，但堅強的卓媽媽決定用佑宣一貫「樂觀向上」的態度讓寶貝女兒跟這個世界道別。她為佑宣規劃了一場溫馨有意義的告別式：「PLUS 19—精彩十九年：卓佑宣個人展暨器官捐贈倡導會」。

受贈器官讓佑宣向上天借來將近七千個精彩、快樂、閃亮的日子，佑宣生前也致力推廣器官捐贈，二〇一二年她在TEDx Taipei以「超越一輩子的愛」演講時說：「生命的意義不是在等待風暴的過去，而是學習如何在雨中跳舞。」這是她對生命的看法及態度，她最大的希望，就是讓更多人可以成為器官捐贈者，卓媽媽想藉佑宣的離去，告訴社會大眾器官捐贈的意義與重要。對我來說，懷念佑宣最好的方式，就是跟她一樣推動器官捐贈，後來在公開場合談到器官捐贈的議題，我都覺得佑宣的精神及力量就在我身邊。

我跟佑宣認識後，卓媽媽愛屋及烏，對我很照顧，她知道佑宣走了對我衝擊很大，一直叮囑我：「好好照顧自己，因為佑宣想要做的部分，需要你繼續。」卓媽媽認我為乾兒子，我們定期見面吃飯，淚中帶笑一起回憶佑宣生前的點點滴滴。

有一次卓媽媽提到，佑宣喜歡跳舞，高中時有一場全班跳舞活動，大家賣力編舞學舞練舞，穿的表演服也是由班上同學所設計的中空露臍裝。表演當天換裝後，大家才發現佑宣的腹部有一道明顯傷痕，是小時候肝臟移植的傷口。同學們為設計衣服沒有為佑宣考量沮喪不已，但佑宣完全不在意，在舞台上她泰若自然面對觀

卓佑宣走了！遺願倡器捐

那顆紐約來的肝臟 讓她活出19年精采

【記者黃文彥／台北報導】「生命的意義不是在等待風暴的過去，而是學習如何在雨中跳舞。」這是師大附中女學生卓佑宣在「TED x Taipei」講台上分享她對抗病痛經驗。她出生就罹患先天性膽道閉鎖，當年因肝臟移植活了下來，但上個月病逝台大醫院；家人將在本周六替她舉辦器官捐贈倡導會，鼓勵國人響應器捐大愛。

「我最大的希望是讓更多人可以成為器官捐贈者。」在美國出生的卓佑宣，自出生以來就飽受膽汁無法順利流入十二指腸的疾病所苦，由於膽道閉鎖嚴重時還會導致肝纖維化，所幸她十一個月大接受肝臟移植，那顆來自美國紐約的救命肝臟，讓卓佑宣提早經歷人生無常，也讓她更加體認器官捐贈的重要性。

卓佑宣八歲回台求學，努力學中文，順利考上師大附中，兩年前她受邀到台北華山藝文中心演講。由於國內法規明定，可移植器官包含心、肝、腎、肺、胰、小腸、骨骼與眼角膜等八種，卓佑宣當時以「簽下器捐同意書，可以為八個人帶來希望，造福八個家庭」這一段話，鼓勵台下聽眾支持器捐活動。

卓佑宣與疾病奮戰的經驗鼓舞了不少人的心，上個月她卻因為膽道發炎與肺部感染不幸病逝，儘管家屬與師大附中師生們十分不捨，但是大家決定幫佑宣完成倡導器捐的心願，十五日將在台北市廈門街浸信會舉辦個人追思會與器捐倡導會。

「當年的那顆肝臟讓佑宣多活十九年，活出十九年精采人生。」卓媽媽表示，儘管器官捐贈可以救人，但有時就連親屬都不願意，更何況是陌生人；她形容自己是以感恩的心情，希望佑宣的精神能延續下去，並納入國中小教材，讓青少年了解生命教育，更多人體會到器捐的重要性。

十九年前那顆來自美國紐約的肝臟，讓卓佑宣多活十九年。圖為去年耶誕節前夕，卓佑宣在台大醫院動手做薑餅屋情景。

圖／卓媽媽提供

佑宣妹妹的媒體報導。

眾，開心的跳完整支舞。

聽卓媽媽講這件事，我發現，佑宣即使離開了，她仍在鼓勵我，她自己做榜樣，要我勇敢的放開自己，不要再老是穿著長袖衣物把自己遮得嚴嚴實實的。

佑宣離開四年了，初識她時她臉上燦爛的笑容，以及十七歲的她在TEDx Taipei演講台上散發的自信與光芒，永遠在我心裡。每當我低潮沮喪，想到佑宣，想到過去她總是笑咪咪跟我說：「凡甘哥哥，加油喔！」我就又有了勇氣與力氣。

胡庭碩　亦師亦友的莫逆交

我會成為台大不同凡響社的一員，是因為胡庭碩。他是社團重要幹部，透過他我認識了不同凡響社，接觸到社會創新與社會企業這個領域，更認識了許多志同道合的好友，一起並肩前行。

全校領有殘障手冊的學生，在資源教室都有建檔，有專屬的輔導老師。我因為換腎、胡庭碩為脊髓性肌肉萎縮症患者（也就是「漸凍人」），都是資源教室名冊上的學生，有幾次我去資源教室遇到胡庭碩，一來二去，兩人就慢慢熟起來了。

我的身體情況是只要我不說，別人不會知道我是身障生，胡庭碩不然，他身體外觀清楚顯示他不良於行，但健康狀況從來不會影響他的活力。他是校園活躍人物，有想法，口才佳，說話幽默詼諧，很有感染力跟說服力，極具個人魅力，他像是團體中的發光體及開心果，一開口，大家就笑聲不斷。

胡庭碩嬰兒時期翻身不易，胡媽媽擔心他有狀況帶他就醫，卻查不出原因；幼稚園時他站立跟行走姿勢異常，胡媽媽持續帶他就醫，跑了無數家醫院，連密醫都看了，還是找不出所以然來，直到高三才檢查出他得的是脊髓性肌肉萎縮症。

在查出病因前，單親撫養孩子的胡媽媽擔心以後需要大筆醫藥費，努力工作賺錢，她也嚴格教養胡庭碩，他跌倒，即使在家裡，胡媽媽也絕不上前扶他起來，她告訴胡庭碩，必須靠自己的力量爬起來，因為媽媽不可能永遠跟在他身邊幫他。胡庭碩曾經拿著菜刀鬧自殺，媽媽沒有驚慌，也沒有安撫他，而是直接握住刀刃叫他「別鬧了」，他嚇得鬆了手，急著看媽媽有沒有受傷。

胡媽媽的愛及嚴格，讓胡庭碩早熟獨立，他國中時媽媽的公司遭合夥人惡性倒閉，胡媽媽另找工作，除了白天的會計工作，早晚還各兼一份差。心疼媽媽，胡庭碩國三起打工，讀建中時開始在補習班教課，曾經同時教八個班級與三個家教學生，年薪達到百萬。

大學聯考他考上師大教育系，大三時決定「砍掉重練」，重考考出滿級分，成為第一個滿級分考入台大法律系的狀元身障生。隨著漸凍症病程進展，他拿粉筆寫黑板必須用全身的力量靠在黑板上，身體負荷不了，他不再當補教老師，專注於他感興趣的社會企業這一塊。

胡庭碩之所以投入社會企業，是每當他在街頭看到或躺或跪在路邊乞討、或坐在輪椅上懇求路人購買口香糖、面紙的殘障人士時，他都會想，自己會不會也有這樣的一天？得知社會企業這種不一樣的商業型態後，他覺得太棒了，讓人們可以有尊嚴的互相幫助。

我高中處於自我封閉的狀態，上大學後才有正常的校園生活。當我還在很生澀的學習、覺得自己很笨拙時，胡庭碩出現了，才大我一屆的他，生命故事及校園內外的社會歷練，「顯赫」到讓我咋舌，我心想這個人怎麼可以這麼厲害、這麼酷！

都是身障生、屬於「同一國」的惺惺相惜，我跟他很快成為莫逆之交。胡庭碩交遊廣闊，白天我們各自上課，放學後約碰會，他以電動車代步，碰面時我就搭個便車，有時晚上他來宿舍找我，有空床就留在宿舍過夜，兩人常常聊到三更半夜還欲罷不能。

他之於我，亦師亦友。我最佩服胡庭碩的是，他心理非常強大，生病並沒有讓他自暴自棄，也沒有侷限他的自我發展。他意志堅強、活動力旺盛，專業論述能力尤其厲害。

二〇一三年，還在學的胡庭碩跟同學創辦「SIB社會創新巴士」（SIB為Social Innovation Bus的縮寫），這是一種旅行式學習，九天的活動時間，他們用巴士載著參加者環島參訪台灣各地的社會企業，一天一個議題，透過田野調查、演講、意見交流，探討農村、少年教育及老人照護等目前台灣面對的社會議題有什麼解決方案。

胡庭碩想做的事情太多，時間不夠用，後來他毅然決然休學（一個讓我大大震撼的決定），全心全意投入社會創新。他擔任社會企業推廣講師，擬培育計畫、辦工作坊、工作營，他自己也身體力行，和朋友在坪林金瓜寮路三號成立「金瓜三號」的據點，推動服務設計思考，希望將年輕人帶進農村觀察、學習及工作。他認為做公益及做服務也該實習，只有先了解地方真實情況，才可能發掘問題，進而提出解決方式。

他現在的行動比起大學時更加不便，但熱情如故、精力充沛一如既往，對這個不改初衷走在社會創新路上的生命之友，我只能說，太佩服了！

高瑋呈　行動帶領者

前一章說過「世界因叛逆的瘋子而改變」，瘋狂而叛逆就是高瑋呈給我的第一印象。他是我加入台大不同凡響社後認識的外校學長，台師大公民教育與活動領導學系大五學生。和他認識沒多久，有一回他分享過去自己瘋狂的故事，我聽得目瞪口呆。

他在澎湖出生長大，從小就「搞威」（台語，意味話多），因此有個和名字諧音的外號「搞威呈」，而他不但「搞威」，還搞怪，鬼點子不斷，國中在學校創辦「雞堵會」在教室玩搶灘和演韓劇，全班樂翻天；他從小就喜歡跟身邊的人討論「夢想」、「熱情」、「創業」、「影響他人」等主題，高中時得知台大EMBA有一場「領導與變革」的講座，他報名買機票，從澎湖飛到台北聽課。

現場都是西裝革履的商界菁英，他年齡最小。中場休息時他去問主講教授，怎麼樣可以造成改變，教授跟他說「下節課解答」。下節課開始後，教授跟聽眾說，這裡有個高中生小弟弟，剛剛下課的時候跑來問他怎麼樣造成改變，在座各位都是很有經驗的經理人，請大家說說看吧。結果現場所有的大人第一個反應竟然是大笑，沒有人把他的問題當一回事，當然也沒有人認真回答他的問題。

他滿懷期待來台北，卻帶著被奚落的沮喪回澎湖，他問自己：為什麼我用存了一年的零用錢買機票來到這裡，期待獲得答案，他們的反應卻是大笑？後來偶然的機會聽到年輕作家九把刀說：「說出來會被嘲笑的夢想，才有實踐的價值。即使跌倒了，姿勢也會非常豪邁。」改變了他的想法，不要怕被笑，做就是了。

上大學後，他一樣活躍、一樣行動力十足，大一跳啦啦隊、參加咖啡社、和好友組隊提商業個案競賽，大二擔任系壘隊長，但大二下以後校園不見他的蹤影了，他對系上課程不感興趣，跑到台大混社團、到高中做「夢想教育」服務學習，還在跨國組織實踐公民教育，同時加入全球最大非營利青年組織AIESEC（國際經濟商管學生會）。

一年後AIESEC台大分會會長改選，高瑋呈參選並當選，成為台大分會有史以來第一個師大會長，任內他代表台大分會到印度參加世界大會，見識到了一百多個國家的青年領袖，大家有著不同的價值觀與思維，卻不忘具備同理心與尊重，他覺得這種視野不僅是國際觀，更是一種看待世界的角度。

說完他過去的瘋狂故事，高瑋呈告訴我他正在進行一個計畫，他要去柬埔寨創業，推動社會創新。為什麼選擇柬埔寨？因為他在朋友牽線下認識柬埔寨一個年輕僧侶永琪（Yornchea），得知受教育在柬埔寨是一件奢侈的事情。柬埔寨是佛教國家，僧侶社會地位崇高，擁有受教育的特權，永琪小時候因為想讀書而出家，但他希望柬埔寨的孩子不必出家就可以受教育，他在柬埔寨暹粒為家貧無法上學的孩子辦語言學校，但因經費窘迫，學生每天只能上一小時課，但永琪仍努力維持學校運作，希望用教育的力量改變柬埔寨。

高瑋呈深受感動，認為這與自己一貫「年輕人發揮影響力改變社會」的理念不謀而合，他很想貢獻心力，一個月後他帶著親友贊助的旅費，與夥伴飛往柬埔寨拜訪永琪，了解情況後他們發現，柬埔寨貧窮循環與階層差距極大，源於社會系統沒有對青年充分賦能，因此他計畫成立「影響力學院」，以社會創新的教學培養「青年改變家」，最終目標是讓青年成為「社會創業家」，高瑋呈也計畫同時在當地尋找合適的社會企業模式，維持影響力學院運作。

這是一項長期計畫，需要人力及財力，從柬埔寨回來後，高瑋呈成立「傑克魔豆青年社會創業團隊」，用「創業旅行」的理念招募創業團隊夥伴，號召年輕人投入，並展開小額募款。

高瑋呈問我：「你願意成為我的夥伴嗎？」

事後我常在想，有多少人願意和一個沒有見過幾次面的人說這些事情，又有多少人願意相信一個認識不到幾星期的人？在大多數人眼中，他就像一個瘋子！但那時我卻被他發自內心的真誠和眼神裡的信心打動了，高瑋呈的足跡讓我看到另一個世界，我也想成為有影響力的青年。

被高瑋呈說服的不只我，胡庭碩也被他說動擔任「影響力學院」的教育長，最後「傑克魔豆青年社會創業團隊」共有八名成員。取名「傑克魔豆」，靈感來自童話「傑克與魔豆」。傑克家貧，和媽媽相依為命，靠家裡的母牛生產牛乳維生，母牛老了擠不出牛乳，媽媽要傑克牽牛到市場賣掉，半路傑克遇到一個老人，說他手上的五顆豆子有神奇力量，想跟傑克交換母牛，傑克相信了，開心帶豆子回家，卻被媽媽痛罵，媽媽氣得把豆子丟到窗外。一夜過去、一覺醒來，傑克發現豆子長出

我和高瑋呈、胡庭碩一起到師大校園宣傳「傑克魔豆青年社會創業團隊」。

來了，而且長好高，高到聳入雲霄，傑克順著粗壯的豆莖往上爬，來到巨人的城堡，展開冒險旅程。

傑克「先相信、再看見」的意念，也是我們對外募款的訴求。高瑋呈認為，人們總是要「先看見事情有人在做，才願意出錢出力」，但創業團隊的創業計畫，必須有經費才能展開，捐款者必須「先相信」，才能看見團隊做了什麼。

募款我們並沒有找店家或

企業贊助，而是上街頭演講，高瑋呈帶著我們這群願意「先相信再看見」的傑克們，來到人潮密集的師大公園廣場，擺出募款箱，拿著自製文宣及大聲公，站上台階，對來往人群暢談我們的理想及創業計畫。

那時候我在旁邊發傳單，心想真的會有人停下來聽我們說故事嗎？這樣做真的能募到款嗎？沒想到真的有行人駐足傾聽，甚至回應，我大感驚喜，原來當你願意真誠且勇敢的分享自己時，世界就會回應你的呼喚。太多時候人們都輸給了自己的想像力，沒看到成果前就預設行動可能失敗而裹足不前。

後來我們真的到柬埔寨創業，前期我們投注大量資源，但商品銷售遇到瓶頸，經營出現危機，某個夜晚我跟高瑋呈談起團隊未來發展，他說：「還在努力的事情就不算失敗，我會一直努力下去。」那一晚，他堅定的語氣及神情，讓昏暗的河堤有了光亮，所以我常形容，高瑋呈像太陽，總是在發光發熱，給予身邊人們希望與力量。

7

流浪、旅行與創業

大三寒假，我以「傑克魔豆青年社會創業團隊」成員身分前進柬埔寨實踐社會創業，是我大學時最瘋狂的事情之一！一來我們團隊在柬埔寨要同時進行教育志工與社會企業工作，目標很大，能完成嗎？二來我接受過器官移植手術，必須防範感染，而我是瞞著主治醫師前去衛生條件極差的國家，可說冒險出國。

還好柬埔寨之行收穫豐碩，我快快樂樂出門，平平安安回家，而在這趟旅程中，我感受到「流浪」帶給我的能量及影響力，促使我在大三下學期跟同學組成「城市浪人」團隊，發起流浪挑戰賽，獲得極大迴響，我也算在大學畢業前繳出了社會創業的成績單！

實現出國夢

國三開始洗腎後，我曾經以為自己這輩子都不可能出國，也沒有辦法想像有一天我也能出國，不是金錢與時間的問題，而是我不可能搬血液透析器一起出國。

成為「傑克魔豆」創業團隊一員，我有了第一次出國的機會，我興奮極了，但此行對我風險很高，當地的環境衛生不好，基礎公共建設也不完善，依我查到的資料，當地醫療也相當落後，我如果出現感染現象，能否及時獲得妥善治療是問號，但我太想成行，主治醫師還不知情時，我已經做出決定。行前兩、三天剛好回診領藥，我試探詢問醫師我能不能出國，很擔心醫師給我否定的答案，當醫師說「當然可以」，我大大鬆了一口氣。

醫師接著跟我閒聊「去哪裡？去多久？」但即便醫師發通關卡給我，我還是不敢如實說出要去柬埔寨一個月，我說：「日本或上海，大概一星期左右。」醫師重申：「沒問題的。」同時叮囑我出門在外要注意哪些事。確定出國基本上ＯＫ，我雀躍不已，其他事情到時候再說吧。

一放寒假，我們就啟程飛往柬埔寨第二大城暹粒。由於知名觀光景點吳哥窟位在暹粒，因應觀光業需求，暹粒建設進步，是柬埔寨現代化的城市，但我們的落腳點並不在暹粒市區，而是車程約十分鐘的農村，距離不遠，但公共建設及衛生條件等可就天差地遠了。

我們投宿的小旅店在暹粒市區與農村的交界，影響力學院設在貧民社區邊、永琪學校的旁邊。從旅店到上課地點都跟一條河流相鄰，但不是兒歌「我家門前有小河」那種美麗的意境，河裡沒有白鵝戲綠波唱清歌，只有垃圾！

河面上及河岸兩邊，遍布垃圾及各式廢棄物，因為當地沒有處理垃圾的機制，地方政府並不會派垃圾車收垃圾，居民也沒有使用垃圾桶及垃圾袋的習慣，大家都隨手丟，所以不只河裡，連路上都是垃圾，垃圾一多就隨地焚燒。

當地沒有自來水系統，經濟條件比較好的人家買水，有井的人家用井水，沒錢又沒井的人家只能仰賴河水，當地也沒有下水道與化糞池，河水裡面除了垃圾還有排泄物。在這樣的環境中，飲食絕對要非常小心，水必須飲用瓶裝水，吃則要看到店家的環境清潔程度與熟食狀況才能判斷。

安頓就緒後，我們開始此行的任務之一：教育工作。影響力學院的學生以十五歲至二十歲的青少年為主，多是貧窮家庭的孩子。柬埔寨大學學費昂貴，很多家庭負擔不起，能讀到高中就不錯了，因此我們的學生都很珍惜學習機會。英文及數學是他們渴望學習及加強的科目，因為只要具備基礎的聽說、算數能力，就可以從事服務業，當地年輕人很嚮往到吳哥窟周遭的旅館、飯店或餐廳當服務生，薪水有保障，也是年輕人接觸外面世界的途徑。

但我們對他們的期望可不是當服務生，我們的目標是透過啟發，培育學生成為具有思想力與行動力的「青年改變家」、「社會創業家」，改變家鄉的落後及貧窮。我們停留時間有限，能做的，主要是在學生心中放進社會創新的種子，因此除了教室授課，我們也帶學生在社區、農村行動學習，觀察記錄當地的社會問題與困境，討論解決之道，培養學生獨立思考、解決問題的能力。

水泥袋變身提袋

開辦影響力學院及創辦社會企業是我們創業旅行兩大目標，我們也將兩者結合，走訪農村、社區尋求適合的商業模式時，帶著學生同行，當地居民聽不懂英語，我們不會柬埔寨語，就由學生充當翻譯，還可練習英文聽說能力。

暹粒近郊的黃土地上常常可見被丟棄的水泥袋，當地婦女回收水泥袋，清洗曬乾後手工裁製成各種包包提袋賣給觀光客，發現這項商品時我們眼睛一亮，水泥袋原本就有一層防水透明膜，加上材質輕，又很有韌性，做成的產品兼具防水、輕便、耐用等優點。由於婦女必須在家照顧無法就學的小孩跟製作包包，產品只能透過中間商在夜市販售，手工包包製作費時，但銷量不穩，加上中間抽成，婦女平均一天的收入約美金一．五元，相當微薄。

這給了我們靈感，或許可以將水泥袋包包引進台灣，創建品牌販售，增加她們的收入。我們隨即跟帶領這群媽媽做包包的當地設計師 Pot Sikpry 談妥合作計畫，以「禮物公民」為品牌，在師大文創市集銷售。

從水泥袋變身提袋，當地
婦女的創意無限。

地上處處可見隨處亂扔的廢棄水泥袋。

在攤位販售「禮物公民」的水泥袋包包。

取名「禮物公民」，是因為我們把每件產品都視為一份獨特又充滿能量的禮物。營收除了支持婦女生計、創業團隊及影響力學院運作，也跟一個國外前去柬埔寨暹粒推廣簡易淨水器的非營利機構合作，每賣出一個包包，我們回饋十元，幫助當地民眾在家裝置簡易淨水設備。

每個製作包包的柬埔寨女性背後都有深刻的故事，她們在僅能遮風蔽雨的住家裡，日以繼夜縫製水泥袋包包，只求不讓孩子受凍挨餓。

一開始我們以「故事」為行銷策略，採訪了婦女的家庭故事，分別賦予「改變」、「夢想」、「堅持」等主題，並花時間將故事分享給消費者。我們最開始特別強調媽媽的單親身分故事，但後來我們覺得不妥，雖然訴求悲情便於促銷，但我們不想消費弱勢，而且出於同情的購買行為無法持續，反而助長了消費者對於弱勢者的偏見。

我們後來思考，要凸顯的應該是商品真正的價值，這樣消費者才會將焦點放在商品本身，如產品本身的環保教育價值，它的原料是廢棄物再利用，透過柬埔寨媽媽的巧思及巧手把垃圾變資源，展現創意；除此之外，還可強調製作者的專業能力，比如曾有客人發現包包的拉鍊不順，跟柬埔寨媽媽反映後，下一批包包送來台灣時，這個問題不但解決了，包包還放入了新的創意元素。

青年是改變的力量

這一趟柬埔寨之行，給了我完全沒有過的生活經驗，也讓我從全新的視角看世界，小至怎麼看待在台北習以為常、但在柬埔寨卻是奢望的行為，大至如何看待一個政府的功能。

我因為身體關係，平時盡可能喝RO逆滲透純水，這只是我食衣住行日常生活瑣事中微不足道的一個選擇而已，但柬埔寨當地人民連安全無虞的生活用水都沒辦法擁有，遑論選擇喝什麼樣的水！在台灣每棟建築物幾乎都有廁所，還分男女與無障礙，設備齊全、裝潢美觀，但在柬埔寨做田野調查時，我以家裡是否有馬桶來判斷家戶經濟狀況，結果發現十戶人家中擁有廁所的不到兩戶。而提供人民乾淨的水、食物與生活環境不是國家的基本功能嗎？這個政府怎麼了？

我重新省思，我們應該怎麼看待一個政府的功能、怎麼看待社會機制的運作，以及怎麼看待青年在社會裡面的意義。儘管柬埔寨政府讓我失望，但我相信受到啟發的柬埔寨青年可以為這個國家帶來改變。

透過影響力學院，我們希望當地青年意識到，他們跟這個社會是息息相關的，社會的未來就是他們的未來，但未來需要他們自己去打造。每個青年都有意願及能力讓「改變」發生，從改變自己做起，進而改變周遭的人，再擴及對社會產生系統性的改變。所以我們不斷對學生強調「青年參與」的意義與重要，青年如果對這個社會懷抱希望，他得先成為社會的希望，投入改革、引

柬埔寨暹粒農村社區的廁所。

領變革。

我清楚記得，在柬埔寨那一個月，課程近尾聲時，我們看到了影響力學院對學生的影響！一個十七歲男孩在師生對話過程中寫下：「New（Now）I want to change Cambodia」（我想改變柬埔寨），雖然他把「Now」寫成「New」，惹得大家發笑，但我們都知道他要表達什麼，好振奮、好感動。

城市浪人　大學的創業經歷

從柬埔寨回來後，我確認當初的出國冒險是正確的選擇，「跨出舒適圈」看似冒險，然而真正危險的是把舒適圈當成全世界！出國前，我還覺得生病讓自己成為世界上最不幸的人，但經過這趟社會創業旅行，我發現自己擁有好多好多，更重要是，「當我願意給予時，我一點都不缺乏。」如果在年輕的時候，你有機會打破既有世界，當你受到衝擊、原有的世界破碎那一刻，新的世界也將進到你心裡。

大三下學期，我和同學張希慈共六人因課程需要組成了「城市浪人」這個團隊，發起「流浪挑戰賽」，這項活動源起於我大三下學期選修領導學程「組織運作導論」的期末專題。期中時，老師宣布期末專題的形式：每六人一組，用半學期時間完成一件具有社會影響力的事情，怎麼做、做什麼，自由發揮，老師只看成果。

「流浪挑戰賽」就在全組一次又一次腦力激盪中逐漸成形，我們要辦一場活動，既讓參與者挑戰自我，又具社會參與意義。

會希望活動有「自我」與「社會」兩層意義，來自於我們各自的壯遊帶給我們「舒適圈外」的學習經驗，以及我們觀察到校園中許多同學不滿於現狀需要「出走」與「尋找」學習意義。此外，我們觀察到都會區人際關係的冷淡與疏離，比如一群陌生人同處在電梯這個密閉空間裡，卻連眼神接觸都沒有；但你跟熟識的朋友就交流頻繁嗎？也未必，那時臉書正流行，臉書有提醒好友生日的功能，我因此常在臉書上祝朋友生日快樂。

但有一天我發現壽星是農經系某位同學，那天稍晚上課我們就會遇見，而我竟然在網路上發生日祝福給他，然後我意識到，我會用臉書跟他交流，可是在現實生活中，我已經很久沒有跟他面對面說話了。科技讓我們進步，但也讓我們失去很原始很直接的人際關係，這或許是本末倒置了！

因此我們希望活動內容具自我探索、人際連結及社會連結的功用。但活動要用什麼方式進行？我們想到舞蹈家林懷民在雲門舞集開辦的「流浪者計畫」——藝術創作需要靈感、刺激、啟發，雲門每年獎助年輕藝術家到海外進行自助式的「貧窮旅行」，讓年輕藝術家擴大視野、豐富自己，再回到台灣，台灣也將因創作者的豐富而更豐富。

我們想到，能不能也辦一個流浪的活動，但它是低門檻的，不需要出國，也不需要花很多錢及時間，我們將「出走流浪」、「自我挑戰」、「人際導向」、「社會參與」等元素串起來，就有了活動雛型。

我們設計三十個任務，包括蒐集免費擁抱、修復遺失的友情、早起擁有早晨、在不喜歡的地方待一段時間、揪團捐血做公益、訪談長者年輕時的夢想等任務，將活動定位為「趣味又富有教育意涵的體驗式活動」，進行方式是三人一組，以兩週時間嘗試完成所有任務。之所以要求三人一組，一因三個人構成一個影響力團隊，二是夥伴一起行動，可以互補、彼此支持及分享。

由於設定台北為活動範圍，我們將這場活動命名「城市浪人—流浪挑戰賽」，鼓勵台大學生走出校園在台北流浪，而台北城則因我們的流浪更豐富，當然在這個過程中，我們的自我探索也是豐富的。

從發想、執行到完成，只有不到三個月時間，五月舉辦活動前，我們只在臉書開活動粉絲專頁，同時透過校內演講宣傳。我們打出兩句口號，一句是借用林懷民老師所言：「年輕的另一個名字叫勇敢、年輕的流浪是一生的養分。」另一句是咖啡廣告語錄：「城市不會只有一個樣子，如果你開始做一些燦爛的事情。」

沒想到反應熱烈，原本參賽者設定二十組、六十個名額，結果短短幾天就額滿，我們開會討論是否增加名額，最後錄取一百八十三人，所以第一屆共有六十一組參賽。

我們更沒料到這項活動竟然高度吸睛，粉絲專頁很多人按讚、很多人關注，即使我們在參賽辦法中說明活動是針對台大學生舉辦，仍有不少台北市外校及外縣市學生留言詢問能否參加，甚至有人問「有沒有辦給社會人士的挑戰賽？」留言者說出社會一、兩年後，他感覺自己失去很多動能，覺得這項活動很有趣，很想參加。

但那時我們沒有能力擴大辦理，只能跟大家說明。

然而希望我們在不同地區、為不同對象辦理流浪挑戰賽的留言不斷，活動結束後還有香港的大學生發電子郵件給我們，表示想在香港舉辦這項活動。

生命中的流浪基因

我在挑戰賽結束後，有一天心血來潮嘗試挑戰三十個任務中的「free hug」（免費擁抱）任務。我在下課空檔寫了「free hug」的牌子，到台大小福廣場挑戰與陌生人擁抱，原本以為這個任務很簡單，沒想到當我走到小福廣場，前半個小時我卻是蹲在樹下，無法跨出第一步，後來當我終於鼓起勇氣站起來，舉起牌子，開口詢問過往路人是否能給我一個擁抱時，前方一個中年媽媽轉身朝我走來，有點不好意思的略舉起雙手。我從她的眼神中看到羞怯與想要幫我的意願，我上前跟她擁抱並感謝她。

原來，社會的冷漠從不是一個人造成的，而是千千萬萬個「兩人關係」所建

「城市浪人—流浪挑戰賽」引起廣大迴響，圖為「城市浪人」發起人合照。

我也挑戰其中任務之一「free hug」，與陌生人擁抱。

構的，我們首先要跨越的障礙就是「自己」。我花了半小時才跨過「不敢」這個障礙，但這個媽媽幾乎在了解我要做什麼時就走向我，比我勇敢多了。我也發現，當我愈堅定而自然的面對擁抱者，愈容易成功完成任務。

這次經驗讓我感覺，流浪挑戰賽真的很有意義，加上源源不斷的支持與迴響，隔年我們在台北跟台中舉辦第二屆，並授權香港舉辦，隨著第二屆流浪挑戰賽結束，我畢業離開校園，二〇一五年，「城市浪人」也正式立案成為協會，是台灣第一個由年輕人帶領年輕人跨出舒適圈的正式組織，期望透過遊戲式體驗領導，讓青年開始試著用自己的力量為社會創造正面能量，並從中尋找到自己的價值與方向。成立協會後，流浪挑戰賽的任務也規劃得更完善，更能發揮社會影響力，至今也與許多學校、基金會與企業合作，結合各界力量投注青年教育。

回想起來，大三寒假的柬埔寨社會創業和畢業後投入偏鄉教育，基本上也都是流浪挑戰賽：因著自己的心，流浪到一個陌生的地域冒險、追尋與創造，做著自己設計的流浪任務。「城市浪人」對我來說，有著「承先啟後」意義，「流浪」對我而言，是生命的關鍵字、血液中的基因。

8

總統教育獎　打開心世界

豐富且有意義的大學生活，打開了我的眼，讓我有了不一樣的世界觀，但對於自己的過往，我始終盡量隱晦低調，不主動與太多朋友提起；大三下學期獲得總統教育獎，從高中起我刻意隱瞞的事情再也藏不住，我被迫面對外界談自己生病的心路歷程，卻也因此打開心門，「分享」成為我重要使命。

學校推薦　三次參加遴選

獲得學校推薦，參加總統教育獎，對我來說是個意外。很多人只知道我在大三獲得總統教育獎，卻不知道校方從我大一起，連續三年都推薦我參加遴選，大一那次我並沒有通過教育部初審，大二通過初審進入複審，但沒有得獎。

總統教育獎由教育部主辦，分為大專組、高中職組、國中組、國小組，各級學校及社會團體皆可推薦學生參加遴選，教育部初審後，推派委員組成複審委員會，實地訪視及面試後選出當年度得獎者。被推薦人需於逆境中，仍能奮發向上、樂觀進取，並對社會風氣有良善影響者，如發揮服務奉獻、孝行表現、友愛行為等；或是具有語言、藝術、體育等才能，出類拔萃者。

學校會先請各處室提出條件符合的學生，校內評選後再向教育部正式推薦，我是台大資源教室提出的人選。

在連兩年落選後，我沒想到學校會再接再厲，大三又提名我，當接到資源教室老師電話，說今年總統教育獎一樣派我參加時，我大吃一驚，然而老師鼓勵我再拚一次。

但問題來了，接到電話時我人在柬埔寨，沒辦法準備資料，而距離交件時間不到半個月，老師要我想辦法。我找人在台北的摯友幫忙，以前一年的申請資料為底幫我補充資料，我則在柬埔寨埋頭寫自傳，終於趕在最後一刻送出書面資料。

而從第一次申請到第三次申請，我的心態有很大的轉變。

大一跟大二這兩次提名，坦白說，整個過程我是被動的，因為不覺得自己有什麼厲害之處，對於被推薦及得獎並沒有想法，只是去完成一件老師期待的事情。

第一年沒經驗，我猜跟其他參加者相比，我的資料可能清淡如水，所以初審就被刷下來了；有了第一次的經驗，第二年我書面資料比第一年豐富，也順利進到複審，雖然最終沒能入選，我並不失落。但到了第三次，我認真準備資料，而且期待獲獎。

會有這種轉變，是因為我想要認真面對真實的自己。這要謝謝資源教室的輔導老師陳嘉桓，她在大三上學期一次定期諮商時，一針見血指出連我自己都沒有察覺到的內在問題，我才知道，我其實一直陷在過去生病產生的自卑裡沒走出來。

我很少去資源教室，上大學後我最想要的就是正常的校園生活，我覺得我已經擁有了，所以雖然我應該定期跟陳老師碰面，但我根本不覺得自己需要心理諮商，除非老師約我。

大三上學期有一次老師約見我，兩人閒聊過程中，老師突然說，她覺得我一直一直很努力很努力的要讓自己變得很厲害很強、讓自己變得更好，可是我卻忽略一件事，就是我已經很好了。她說，現在的我，需要的是包容自己不是這麼的強、不是這麼的好、不是這麼的完美。

老師這段話，剝開我的武裝，我第一次在心理諮商的過程中崩潰。

事後我以旁觀者的角色審視上大學後的我，為什麼會這麼ㄍㄧㄥ、為什麼要投入那麼多活動、為什麼每件事都要做得這麼好？我才發現，由於高中時不好的人際經驗，造成我上大學後極力武裝自己，也由於自己高中階段校園生活蒼白貧乏，上大學後，我以彌補的心態投入社團及很多活動，我像陀螺一樣轉不停，希望自己變得很強很厲害。升大三後，我是證券研究社社長，又是不同凡響社學術幹部，又要執行「台大制・皂」校園創業計畫，還修了輔系與學程，我填補心裡那個洞的東西已經多到滿出來了，我其實很緊繃而不自知。

說到底，我之所以希望別人眼中的我強大厲害，真正原因是我仍然自卑，陳老師一席話正中靶心。我開始學習看見自己的脆弱，並接受它。我慢慢體悟到，「真正的成熟並不是愈變愈強、愈變愈厲害、愈變愈完美，而是反過來去包容跟接納自己原本的脆弱」；以及「真正的勇敢並不是你不會覺得害怕，而是你明明很害怕，可是你還是去做讓你害怕的事」，這也是後來有機會在外面分享時，我最常提到從這次諮商中領悟的兩個心得。

正因有所體悟，第三次申請總統教育獎，我心境完全不同。

國三生病後，我一直很害怕跟任何人談論我的身體，但在那次心理諮商後，我不斷自問：真正的勇敢是什麼？得知學校三度推薦我申請總統教育獎，我思考，總統教育獎對我是榮耀、光環、一個好聽的頭銜？還是讓我真的能夠去理解接納我自己身體心理的狀況，坦然面對？或許這是老天給我的機會，讓我嘗試面對自己的過去，而如果我得獎，我的經歷可能也可以激勵跟我有類似遭遇的人。

我改以積極的態度面對第三次申請，這一次我通過初審進入複審，複審委員安排時間到台大訪視。

最後一關了，校方很重視，邀請相關處室主任、我的任課教授、班上同學、不同凡響社的夥伴、熟識我的學長學姊參加訪視，爸爸媽媽哥哥也到了，「親友團」陣容浩大，我全力以赴完成面試，雖然期盼獲獎，但盡完人事，就是聽天命了，我不去想太多。

得獎的衝擊

二〇一三年的總統教育獎，在四月二十七日公布得獎名單，那一年共有三百七十一名各級學校學生獲得推薦，一百六十八人進入複選，最後評選出五十六人獲獎。

我是接到記者電話才知道自己獲獎，且接到不只一家媒體的採訪電話。記者問的問題，不外我國三時生病洗腎的心情、高中我一邊洗腎一邊讀書還兼家教賺取生活費的心路歷程、我家一家五口有三人領有殘障手冊（大哥身心障礙、我重要器官失去功能、媽媽罹癌）的情況、我為何投入社會公益服務……。

沒有跟媒體應對經驗的我，接到電話時完全不知所措，結束通話後我才意識到自己得了總統教育獎，等於把我自己及我的家庭狀況公諸於世，尤其是一直以來我極力隱藏的生病跟換腎之事，這下子識與不識的人統統都知道了。參加遴選前，我雖然抱持如果獲獎，我要用我的故事去鼓勵他人的信念，但卻沒想到，萬一得獎，所有認識我的人也會同時知道我的故事。

因為沒有想到，所以事先根本沒有去想如何因應，雖然那時幾個摯友已經知道我生病的事，但我並沒有準備好面對所有人。為了掩藏

參加三次總統教育獎遴選，第三次才得獎。

生病的事情，我常年穿長袖衣物遮住手臂上的疤痕，這讓我有安全感，然而在那個當下，我覺得自己即將被扒掉身上的衣物，一無遮掩的站在公眾面前。

我不安的想著，高中時同學得知我身體狀況後小心翼翼待我的情景會不會重現？現在我身邊的好友、社團共事的夥伴，會不會覺得我不說是沒把大家當朋友？

我要怎麼解釋？

我之所以不說，不是不肯，而是不敢啊，我不想再經歷高中經歷的那些，所以我閉口不談我的身體狀況，而那段晦暗日子中的絕望憂傷，我也難以啟齒。隨著我認為我即將被「公審」，上大學後被我壓到心底深處的害怕、自卑、脆弱……，統統翻湧而出，我要如何面對？

果然，透過媒體報導，我得獎的消息很快傳開，當天好多同學朋友在我的臉書轉貼我獲得總統教育獎的新聞連結，字裡行間除了道喜聲，更多的是對我曾是重症患者的驚訝與意外，不少朋友說：「凡甘，我現在才知道你這麼勇敢！」

面對大家真心誠意的祝福，我沉澱、整理自己的心情，那天晚上，我在臉書上寫了一段話給我的朋友們：

> 謝謝所有支持鼓勵我的朋友，真的謝謝！也很抱歉嚇到你們了！
>
> 關於我的身體狀況，是一個很長的故事，我僅是想分享，現在這樣「更完整的我」。

現在的我其實非常無所適從，不知如何去面對變化。

我對於自己的身體非常非常自卑，在一個十五歲少年的記憶中，洗腎室的景象是無法抹去的夢魘。我不曾為身體的痛楚而落淚，但當陌生人得知你需終生洗腎的眼神，卻足以殺死任何一個幼小心靈。

過去，因為自卑和好強，我從來不主動透露我的生命故事，甚至會刻意隱瞞它的存在，像個「平凡」的正常人一般活著。而如今，一夕之間，我人生中最黑暗的角落被全世界看見了。我真的不知所措。

然而，儘管亂了，我依舊不會後悔！

當初下定決心，鼓起勇氣申請總統教育獎，就是希望自己堅強奮鬥的故事能為社會帶來貢獻。透過真真實實的實證，我期盼為所有「因為病痛或挫折，而認為自己無法實現願望，甚至想放棄生命的朋友」帶來希望曙光。

我曾經以為自己不可能實現任何一個人生理想。每週長達十八小時的洗腎讓我失去遠遊的機會，「我這輩子不可能出國了吧！」那時我真的這樣以為的。我曾經想要結束生命，當努力變成一種痛苦的時候，我想放棄人生。

感謝老天讓我選擇了堅強，請相信我，我是非常努力，非常堅強才走到這裡，而有你們眼前的凡甘。

也請你們相信自己，「信是所望之事之實底」（引用聖經之語），因為相信，才能看見啊！一路以來，無數的加油打氣與支持才促使我走到這裡，我無法用任何一段話或單一行動去完成心中的感恩，我僅僅希望透過這個獎來證明：任何一滴水都有源頭，任何一個源頭都可能促成一條溪流。這些榮耀是屬於你們的，我會繼續把這份「愛」傳遞下去。

最後，我想把武裝數年的堅強外殼卸下了，現在的我雖然赤裸裸，不知該如何面對新的生活，但至少，你們眼前的凡甘，是最完整的了！

終於不必再隱瞞自己的事情，在覺得對不起大家的同時，我也有解脫的感覺，那種輕飄飄的自在感，我從未有過。

走出過去　勇於開口

有句話說「危機就是轉機」，總統教育獎讓我在沒有心理準備的情況下被迫袒露自己，卻也開啟我人生一個新契機。從那時候開始，我練習敞開我的心，在不同場合、對不同對象講述我的故事。獲獎後我持續接到正式演講邀約，從大學三年級下學期到現在，五年多的時間，約滿三百場了，其中以學校居多，中小學的邀約都是以生命教育為主題，我剛開始分享的前半年，都在跑學校。

回想起來，我第一次以自己的故事激勵他人，是我生病的第一年。我考上建中的事情在桃園上了地方版新聞，余美靜醫師跟我說，有一個住院的弟弟跟他的媽媽看了報紙非常感動，很想見我。約好時間我去看這個弟弟，當我走進病房時，他的媽媽正拿著報紙第N次讀我那篇報導，看到我，母子都很開心。媽媽說，她怎麼安慰弟弟都沒有用，看到我的新聞念給他聽，他心情才好一些，一直說他想要見凡甘哥哥。

小弟弟大約九、十歲，那天我坐在病床邊，跟小弟弟聊了一個多小時，看著小弟弟閃爍的眼神、靦腆的笑容，讓我想起和林杰樑醫師碰面的自己。我第一次感覺到，我的堅持是有意義的，我能拿它來鼓勵比我年紀小的孩子，讓他覺得生病不是世界末日。

到學校分享，我面對的不是一個孩子，而是全校的孩子，孩子全神貫注的眼神，讓我知道我感動了他們，常有小學生聽完演講後說：「我好想跟你一樣！」但更讓我堅持不論多遠多難安排時間，都要盡力回應每個演講邀約的原因是，我常在演講完收到學生回饋，開頭是：「哥哥，我跟你一樣……」，其實每個孩子的故事都不同，但就像林杰樑醫師的存在對我就是一種激勵，我知道自己只要聽這些孩子述說他們的故事，對他們就是很大的鼓勵與支持了。

到現在，我仍然對剛開始分享生命故事的前半年印象深刻。面對年紀比我小的孩子，我很容易開口，每一場都掏心掏肺，有幾次回憶漩渦突然從深處翻騰騷動著，難以形容的感覺慢慢湧現上來而且滿溢流出，讓我情緒激動難抑，淚閘頓時打開，關都關不住，我當場落淚，我的真情流露，讓台下師生也跟我一起掉淚。

很多老師很用心，事前先蒐集我的相關資料發給孩子，有的老師還讓學生準備問題提問，還有老師把演講後學生寫的回饋單寄給我，讓我知道孩子從我的故事裡得到什麼。

最棒的是有時演講結束，小朋友上前找我，告訴我他遇到什麼困難，問我怎麼辦。孩子會私下來找我吐露他遇到的困難，可能他覺得他的家人、同儕都不能理解他，他來找我，除了信任我，也表示他覺得他的生命經驗跟我是有連結的，可能是我的故事觸動了他，覺得跟我有類似的逆境。

這種主動找人傾訴、向外求救的勇氣，正是過去的我缺乏及做不到的，比起過去的我，他們好勇敢。每個孩子提出的問題，我都很重視，耐心傾聽也認真的回答，希望能幫助到他們。

即使是大學畢業後到台南偏鄉教書的那兩年，我也沒有間斷分享這件事，尤其接到中小學邀請，我都盡量排除萬難赴約。

我樂意這樣奔波，因為中小學生是我最希望分享的對象。我自己到小學任教後，深深體會到孩子年紀愈小，大人的影響力愈大。我常常反思，離開演講會場，我的分享能為聽者帶來什麼改變？我相信聽演講的時候大家是感動的，但離開會場，大人不一定把感動化為行動，小朋友則不然，他可能回家就迫不及待跟爸爸媽媽分享他今天聽到什麼故事，我想，我已經把一顆生命的種子放到孩子們的心中了。

一個特別的使命

校園分享也成為我自我督促與提升的動力——當不斷有孩子找你傾吐他們的煩惱、困難，你知道你對他們是有影響力的；當你知道面前這些孩子以你為榜樣及標竿，你對自己就會有更多的要求！

透過分享，我激勵了別人，對方也給了我前進的力量。分享像是充電的機會，每結束一次分享，我好像又找回分享的初衷及感動，獲得生活的熱情。不少人遭遇逆境爬不起來，我比別人更能夠走出來、走下去，原因之一是我不斷透過分享找到力量。

以自己的故事激勵他人，自己也受益，這是開始做這件事時始料未及的。我曾

每次分享後收到小朋友的回饋，總給我很大的鼓勵與支持。

獲獎五年多來，我四處分享，約滿三百場，其中以學校居多。
照片提供：夢田教育基金會。

經憤恨老天爺讓我生病，但這幾年我漸漸覺得，生病不是上天虧待我，而是上天給了我一個特別的使命，因為我的經歷（腎衰竭、洗腎、換腎）不是每個人都會有的生命際遇，這個特別的使命透過分享來達成任務，既是責任，也是一種榮譽。

常有人問我，我能度過生命逆境，如此堅強樂觀，是否有宗教信仰？我的回答是：「我沒有宗教，但我有信仰。」我面對生命低谷展現的求生意志，成為我的價值信念，它形塑了我的思維與行為模式，在失敗與挫折中成長，就是我的信仰；「生得偶然，死得必然，盡其當然，順其自然」，就是我現在的生命觀。

如果沒有經歷生病的痛苦，我不會是現在的我，如果沒有獲得總統教育獎，我不會走上分享這條路，我雖然還在地面上，無法像林杰樑醫師一樣，成為天空中被人仰望的星星，但有點像螢火蟲了，螢火蟲也是在夜裡用牠身上微弱的光，讓人們知道牠在這裡，為需要的人指路，就像我用我自己的方式，去影響我能影響的人。

PART
3

把教育放進我的生命裡

兩年 TFT 老師的經歷，我發現所有的社會問題，
最後都要回到教育，從教育著手才有可能從本質上解決問題。
我決定持續探索教育的可能性，投身教育改革，
並期許自己成為「造鐘者」。

照片提供／小眼攝影

教育無他，
唯愛與榜樣。

——福祿貝爾

大學畢業前，由於憧憬「年輕的流浪是一生的養分」，我加入「為台灣而教」兩年計畫，這是我投入教育工作的起點，也讓我確立教育是我一輩子的大方向。

在偏遠地區教育現場兩個寒暑，課堂教學、班級經營是我必須面對的日常考驗，也是寶貴的磨練，在重重難關中，我獲得成長；而看到偏鄉的哀愁，以及孩子在傳統制式教育的艱難與困境，啟發我很多省思與想法，為此，我展開教育探索之旅，接觸不同型態的教育，希望有朝一日，每個孩子都有適合自己的學習方式。

結束TFT兩年計畫，目前我白天在政大實驗教育推動中心工作，晚上在淡江大學就讀教育研究所，把教育放進我的生命裡，我正一步一步走在實踐理想的路上！

9

人生新挑戰，到偏鄉去！

雲門舞集創辦人林懷民老師曾說過：「年輕的另一個名字叫勇敢、年輕的流浪是一生的養分」，這句話成了我們大三時「城市浪人—流浪挑戰賽」的宣傳口號之一，也成為我大三大四很愛的座右銘。我憧憬年輕時勇敢出走、流浪，做特別的事情，不留遺憾。我相信，流浪是異地的反思，反思是原地的流浪，透過流浪與反思，我們能在歲月中為生命注入能量。

加入「為台灣而教」

我設想離開都市到偏鄉教書，也是我年輕時流浪的一部分，它是一種出走也是一種尋找，讓我在年輕時有不同的看見，我的生命因為這個不同的看見而豐富厚實，而我也在流浪中，找到往後努力的目標。這是我大四時決定加入「為台灣而教」的主要原因。

「為台灣而教」（Teach For Taiwan，簡稱「TFT」）二〇一三年十一月成立，是創辦人劉安婷放棄美國高薪工作回台成立的非營利組織，希望讓台灣所有的孩子，不論出身，都能夠擁有優質的教育與自我發展的機會。

為了推廣TFT，安婷站上TEDx Taipei演講台，以「擁抱世代從教育開始」為題，談她及夥伴為什麼要投入偏鄉教育，引起很大迴響。二〇一四年初，TFT展開資金籌措，並與學校合作，由TFT招募、培訓老師，派到資源匱乏、教師流動率高的偏鄉學校進行兩年全職教學工作。

理想上，TFT當然希望找到一輩子都願意投身偏鄉教育的人，之所以定出兩年的期限，一因它符合小學劃分低、中、高年級的級距，足夠TFT老師跟孩子建立關係，給孩子穩定的陪伴和引導，也可以做好階段性教學規劃；二因「兩年」是青年教師在現場從事教育工作、累積經驗的最小「基數」：一個可以練好基本功而且可以延展的最小實踐期程，兩年後TFT教師可依志向，選擇繼續留在教育界或往其他領域發展，發揮影響力。

這是挑戰性很高的工作，TFT希望參與者思考投入這份工作的意義，而不是覺得自己犧牲兩年時間去做公益。

「孩子的書屋」觸動我的教育之心

早在TFT還在研究討論階段，透過朋友，我就得知台灣可能出現這個教育創新組織，隨著TFT計畫逐漸成形，我就想，如果TFT真的在台灣成立，我一定要爭取成為第一屆老師，因它不但符合我對「出走、流浪」的想像，其「用生命影響生命」的訴求，也深深觸動我。

國三生病期間，以及北上一邊求學一邊洗腎的辛苦過程中，除了家人，陪伴及影響我最多的就是老師與醫護人員。我一直覺得，如果沒有他們的陪伴與照顧，我不可能撐下來。生病的經歷，讓我很希望自己能夠從一個被陪伴、被照顧的人，成為陪伴者、照顧者。

ＴＦＴ設定以偏鄉孩子為服務對象，擊中我內心非常柔軟的那個點，我想起大三時我們社團（不同凡響社）到台東知本建和社區拜訪「孩子的書屋」，看到那些孩子的成長多麼不容易，當下讓我想到十五歲的我得知腎臟完全喪失功能時的絕望與無助，因此，逆境中孩子那種渴望被體會、被包容、被諒解的孤獨，以及渴望有人看見的掙扎，我完全感同身受。

「孩子的書屋」是我接觸及認識偏鄉教育的起始點，書屋是當地社區為失學孩子打造的避風港，創辦人陳俊朗（人稱陳爸）在當地出生成長，長大後離鄉到台北工作，一九九九年返鄉，希望彌補他多年不在家鄉對家庭及兩個孩子的虧欠。

陳爸回鄉時孩子正在準備基測考試，為了陪兒子念書，他看遍坊間教科書參考書，在自家三合院陪讀，休息時間他彈吉他自娛，陳爸吉他彈得很好，吸引社區一堆輟學、逃學的孩子跑來「旁聽」，時間久了，孩子們跟陳爸也熟了起來。

陳爸慢慢了解這群孩子的故事，台東很多青壯人口離鄉到西部都會區討生活，生下孩子後送回老家隔代教養，家庭結構不完整，很多孩子因疏於照顧，不是逃

參訪「孩子的書屋」。圖為我與陳爸。

學、中輟，就是抽菸、打架、鬧事，現在每天去「旁聽」陳爸彈吉他成為他們生活中的一大樂事。

而且貧困的環境讓很多孩子連基本溫飽都沒有，有一天兒子的同學來家裡玩，晚餐他們一起去吃麵，他問兒子的同學要不要多吃一碗，那個孩子欣然應允，狼吞虎嚥吃下第二碗麵後，剛走出店門就吐了，原來是吃太多腸胃受不了，當這個孩子說：「陳爸爸，我從來沒有吃這麼飽過。」陳俊朗眼眶紅了，那時候他只有一個念頭：不讓孩子再挨餓！

陳俊朗騰出自家三合院一部分空間，讓遊蕩的孩子有地方待、讓吃不飽的孩子有熱飯吃，同時在屋內擺了很多書（「孩子的書屋」名稱由此而來），製造孩子們跟書本親近的機會。他也跟孩子們聊天，陳爸在台北混過道上，做過酒店圍事之類的工作，他有太多精彩故事可以講，書屋成了孩子們的據點，後來社區內一些單親媽媽、失業大人也進到書屋，為孩子煮飯、洗衣，大家一起陪伴照顧孩子。一個社區團結在一起，共同照顧一群從小缺愛缺照顧的孩子。

雞婆的陳爸從單純陪伴、輔導課業，到帶孩子學習技能。大人帶孩子務農、蓋房子，建立「食自耕、屋自建」的自給自足模式，為這群學習成就低落的孩子創造成功經驗，還帶孩子單車環島，不斷提高孩子們的自信。

我覺得這是一個小小的理想國，陳爸是核心人物，帶著當地大人小孩從事包含教育、農業、產業的工作。我大三去時，「孩子的書屋」已經發展得很穩定。從一九九九年起，陳爸獨力支撐書屋多年，二〇一二年終於有企業界的援助進入，至今，「孩子的書屋」在台東已經有多個據點，改變了數以千計被大人也被自己放棄的孩子，協助他們重回人生軌道。

很苦的時候，陳爸曾經吃半年泡麵，但他說，回台東後，看到自己的家鄉有這麼多孩子被放棄或自我放棄，很感慨很心疼，他無論如何都要扛起書屋。

那時陳爸告訴我，所有的孩子都不是天生壞胚子，他們的本質是良善的，都是被大人弄壞的。弄壞孩子的大人有兩種，第一種是直接把孩子帶壞，第二種專門以「喔，你就是很壞」之類的言語打擊孩子，讓孩子變壞。不只一次，在黑道登書屋的門找孩子麻煩時，陳爸挺身站在孩子前面說：「這是我的小朋友，你要幹嘛？」他用這樣的方式，把孩子一個一個拉住。

那年在「孩子的書屋」聽陳爸講書屋的由來及孩子們的故事，看著書屋裡陳爸親手在大白板上繪製的世界地圖、洋溢自信笑容的孩子彈奏吉他、煮飯的社區媽媽，如果陳爸不說，我不會知道這些孩子來自弱勢家庭。

陳爸為孩子們做的，以及他堅持下來的精神，都讓我非常感動。那時對於大學畢業後是考研究所？投入金融業？創業？還是走跟農經無關的路？我正陷入長考。離開書屋前，我跟陳爸聊到未來人生的抉擇，陳爸問我：「拿掉金錢，你的人生還剩下多少理想？拿掉頭銜，你的人生還剩下多少尊嚴？」陳爸勉勵我：「人生最重要的事情就是，找到你自己，再來，找到你想做的事情，最後，用一輩子把它做完。」

陳爸這幾句話讓我眼前的迷霧散開，我知道我的方向了，就是教育，而教育不均的問題，是我關切的重點。

成為百分之四．三的幸運兒

投入TFT時，我心裡已經有一條生涯路線，我很明確知道教育是我的方向，但我不會設定成為小學老師就是終點。我擅長反思，加上受過農業政策訓練，能以制度觀點切入看問題，到偏鄉任教兩年，剛好讓我可以在教育現場體驗、深入了解偏鄉教育制度及結構層面的問題。TFT的兩年之於我，是讓我在教育這個領域裡邊走邊看邊探索，找到自己最適合的定位。

TFT招募老師，是不是有教育專業背景並不是最重要的考量，最主要是看應試者的人格特質與能力：是否具備使命感、挫折復原力、同理心、企圖心、溝通組織能力、解決問題能力、自我覺察能力、激勵他人能力，因為老師的人格特質、能力、對教育的態度與看法，比教學經驗及技巧更重要。加上第一屆種子教師的表現攸關TFT品牌的建立，以及未來這個計畫能否持續發展，有著被放大鏡檢視的壓力，因此TFT團隊「只求好、不求快；追求質、不求量」。

第一屆教師招募，TFT總共收到一百八十七份有效申請書，申請者畢業於七十九所不同大學校所，百分之六十七為二十一歲至二十五歲年輕人，甄選分書面審查、網路面試及現場面試三個階段，每個階段篩選出約百分之五十的申請者進入下一階段，最後一關現場面試包括試教、團體面試與個人面試，評審團由兩位TFT代表、兩位國小校長代表及一位企業代表共五人組成，最後正取八人、備取八人，正取錄取率百分之四．三，平均年齡二十五歲，所學包括傳播、法律、化工、農業經濟、資訊工程、外語、劇場工作、特殊教育等。

送出申請書後，我一路過關斬將，我至今還記得接到錄取通知的興奮，之後TFT為我們十六人安排五週密集扎實的培訓課程，為上線做準備。培訓結束後，TFT進行教師與合作學校的「配對分發」。第一屆合作學校分別位在台南及台東，分發前我們先填志願，選擇去台南或台東後，TFT再依照教師意願跟學校提出的需求來配對。

我們前去任教的學校，是TFT團隊事先走訪偏鄉談定合作計畫的學校。TFT選擇合作學校很嚴謹，因為TFT教師到偏鄉任教一年，包含培訓、生活補貼、支持系統跟後勤的行政費用，每年約需五十萬元。老師是招來的，錢是募來的，TFT必須對派出去的教師及捐款者負責，不能把種子放到沙漠裡面，它要找一個適合種子萌芽的地方，所以合作學校校長的理念及支持很重要。由於TFT老師大多不具教育專業背景，校長能接受「教育工作者的特質比經驗重要」，才有達成合作的可能。因此TFT選擇合作學校有兩大原則，一個是雙方有共同推動發展教育的願景，一個是TFT老師承諾教滿兩個學年，合作學校也需承諾提供TFT教師兩年的教學機會。雙方達成共識，TFT教師再派老師過去。

此外，TFT團隊成員訪校時，還要了解學校老師荒的程度，是不是每次招老師都三招之後還是招不到人，以及學校的師資需求，比如需要的是帶班的級任老師，還是具英語、藝術專長的老師，這些都會在配對時納入考量。

偏鄉學校老師荒嚴重，學校招考代理老師、代課老師，往往從第一次招考、第二次招考到第三次招考，都乏人問津。一招是招有教師證的老師，二招放寬至無教師證但修過教育學程，三招又放寬至大學畢業即可，TFT合作學校都是三招還招不到老師，甚至有學校曾經七招、八招，到開學都還招不到老師。

最後，我分派到台南柳營新山國小，我面試那天是八月十三日，學校已辦理第三招第二次公告，亦即第三招第一次公告還是沒有人報名，於是辦理第二次公告。九月一日就開學了，透過TFT計畫把我派到那裡，學校總算在開學前補足教師人力。

原本第一屆合作學校為八校，只安排八個老師出去，但因台南一所合作學校師資需求增加，校方積極爭取資源，甚至找到企業贊助兩年培訓老師的資金，所以TFT決定遞補一位備取教師進入合作專案，最後分派五位老師至台南、四位老師至台東。

第一屆TFT培訓教師啟程儀式，每個人贈送一頂安全帽，象徵風雨無阻，在第一線奮鬥。

TFT創辦人劉安婷與我、及我的家人合照。

是開路先鋒，也是救火隊

ＴＦＴ的出現，沒有違反或抵觸目前任何體制內的法律或規定，也不會跟原本編制內老師或流浪老師搶員額，不會破壞體制，更不存在排擠效應。我們不是去搶位子或卡位，我們只是補位。我們合作的學校依法聘用我們，同時也依規定支付我們薪水。基本上，學校派什麼工作，我們就做什麼，學校哪個位子缺人，我們就頂上去，有點像救火隊，哪怕還不熟悉如何救火，邊做邊學就是了。

而且我們很有彈性，配合學校當年度師資狀況及需求，像我第一年是代理老師，第二年是代課老師，兩者的差別在於代理老師是「以全部時間」擔任學校編制內教師因差假或其他原因所遺之課務者，代課老師則是「以部分時間」，但偏鄉學校人力嚴重不足，所以第二年我雖然掛代課，還是整天都在學校，因為我除了教自然科的正課，還負責低年級課後照顧及中年級的補救教學。

ＴＦＴ一開始尋求合作學校並非一帆風順，那時教育界還不清楚ＴＦＴ是怎麼樣的組織，加上ＴＦＴ老師大多不具教育專業背景，讓不少學校遲疑，所以第一屆TFT教師任重道遠，因為我們的表現、合作學校對我們的評價，關係到TFT未來的發展。

之後由於合作學校增加，從第二屆（二〇一五年）起，逐年增加老師人數，到二〇一七年累計已送出近百名TFT教師到台東、台南、屏東、雲林、花蓮五個縣市，共三十四個鄉鎮。教師人數的成長，顯示合作學校肯定我們的表現，現在TFT團隊到偏鄉訪視拓點時，很多校長都拜託「一定要派老師來我們這裡」。

我覺得我們第一屆九人很像創業夥伴，我們創的業，是理想、是夢想，是壯大TFT，讓這個創新組織走得穩、走得遠、走得久。報到前，我們並不知道我們將面對怎麼樣的工作環境及什麼樣的挑戰，我們像是開疆闢土的先鋒，我們走的路、經歷的考驗，都提供TFT團隊修正運作方式，為第二屆及之後的老師鋪路。

在偏鄉，陌生臉孔很受矚目，剛上線時，我們合作的學校，不要說家長，連有的老師都不太了解什麼是TFT，很多家長跟老師都問說：「好像你們是T什麼的，為什麼而教，你們是不是志工？」而且台灣沒有公益組織把年輕志願者派到偏遠學校擔任老師的先例，還有人以為我們是詐騙集團。

所以，關於TFT老師扮演怎麼樣的角色？我們跟學校是怎麼樣的合作關係？社區及學校應如何看待我們？一開始滿混亂的，但我們打頭陣後，從第二屆，新老師大致可以知道進入合作學校的模式、TFT老師在學校及社區的定位，一開始如何融入環境、跟同事相處要留意什麼、跟家長溝通的注意事項……。

我們也拿出創業家的拚勁，早上六點到校晚上八、九點離校、身兼多職，我們有的夥伴甚至放學後還把小朋友接回住處照顧輔導。

前面提過，TFT教師在兩年計畫結束後是否繼續留在教育現場，TFT並沒有任何限制。因為TFT著眼的，一是給偏鄉小朋友教育均等的機會，翻轉他們的人生；另一個則是它相信，這兩年也將翻轉TFT教師的人生，因為年輕人太缺乏體驗不同生命樣態的機會，也缺乏失敗、挫折、碰撞及人生打碎再重組的機會，而在偏鄉磨練兩年，勢必對人生有不同的看法及規劃，且經過這兩年的歷練，TFT教師無論到任何領域、從事任何工作，都能對教育有所貢獻。

對我來說，這珍貴的兩年的確為我的人生注入重要養分，我深深覺得，我不是付出的那個人，我才是收穫最多的那個人。

10

菜鳥老師的教學大考驗

二〇一四年九月一日，新學期開學，在台南柳營旭山村新山國小，我展開兩年小學老師生涯。沒有修過教育學程、沒有教育背景、沒有教學經驗，教學之於我，是一項全新的挑戰。

幫孩子搭建自信的舞台

成為TFT教師後，我看很多教育書籍，花很多時間了解台灣教育現況，我很認同且讚賞一種說法：「不同資質的孩子應該在不同遊戲場、有不同的遊戲規則，讓他們發揮實力，而不是在同一個遊戲場競賽。」可是我們現在的教育就像是我們面對猴子、熊、大象、老虎……等各自擁有獨特專長的動物，但我們跟動物們說：「來，我們現在來比誰最會爬樹！」

台灣的孩子長期在體制內接受偏重智育、考試領導教學的學習，但這其實是犧牲多數中後段學生來成就少數菁英學生，而我就是這「少數」中的一個。小學、國中我爬贏很多不擅爬樹的同學，我考上建中、上了台大，成為所謂明星學校的學生，從高中起，我身邊都是很會爬樹的人。

但當我到偏鄉當老師，我面對的大部分不是這樣的孩子。偏鄉孩子擅長爬現實生活中的樹，但教育體制內的「成績樹」，他們爬得艱難，造成學習成就低落的孩子喪失自信心。試想，一個從小學一年級起，每次頒獎都在替別人鼓掌、每次考試分數都墊底的小孩，會有多少被讚賞或看見的機會？對這樣的孩子，我的作法是，每次上課的前五到十分鐘，進行上一堂課程內容的複習問答，由基礎到進階。

這是一個很好的機會舞台，但我發現，如果由我指定學生回答，當事人往往因害羞和缺乏自信而沉默不答，於是我改成抽籤，但其實做了點手腳，製造機會給那些缺乏掌聲的小朋友，讓他們認為「是命運決定我回答」，一旦他說出正確答案，我帶頭請全班給他掌聲。剛開始，答題的孩子往往害羞不已，因為他還不習慣被鼓勵的滋味，但我希望能藉此讓他對自己多點信心，這樣日後面對學習落後的困難時，才不會輕易自我放棄。

而傳統改考卷「對的打勾，錯的打叉、標出扣分」的方式，當學習落後的孩子看到考卷發回來上面都是紅色叉叉，往往很打擊信心。我有個學生，程度落後其他同學，但他很認真，讀得很辛苦，只是考試都不及格，讓他很挫折，每次我發還考卷，他都先關注自己寫錯多少題目，然後咒罵自己笨、發脾氣。其實他是有進步的，只是速度緩慢，我很心疼他對自己要求高，卻沒意識到自己的進步。

因為這個明明很努力，但每次拿到考卷總是沮喪與落寞的孩子，我開始思考，考卷命題與評分方式可不可能改變？於是我改變改考卷的方式，將原本錯的打叉變成對的畫勾，即使孩子的答案錯誤，但中間過程若孩子還是有理解正確的地方，我會在那個地方打勾，並把孩子可能想錯的地方圈起來提醒他。

這種「打勾加分法」，為的是讓學生看見「原來我會的也不少」！孩子很難去喜歡一個他始終拿低分的科目，但是當你拿著分數提高的考卷告訴他，你進步好

我在課堂上和孩子愉快的互動著，我鼓勵孩子發言，希望能增加他們自信心。

教室裡最美的風景，我教導的十一個學生。

多，孩子可能因此對這科產生信心，進而有了學習興趣，這種正向力量，才有辦法幫助到低成就的學生。

讓常勝軍體驗挫敗的滋味

對學習成就低落的學生，我搭建舞台，適時製造機會拱孩子上台，讓他們品嘗受到肯定的滋味；而對入學後保持不敗紀錄的常勝軍，我「挖坑」適時推他入坑，體驗挫敗的感覺。

從小到大我讀的都是大學校，到偏鄉小學教書，原本以為小校小班有利教學，但後來發現，「小」某種程度局限了孩子的眼界，尤其是成績優異的孩子，缺乏程度相當的同儕良性刺激與互動，他並不知道「強中更有強中手」。

偏鄉小校因為學生人數少（通常全校師生加起來小於一百人），每個年級只有一班，無法每兩年重新編班一次，小學六年下來同學都是同面孔，班上第一名往往是年年蟬聯的優勝者，導致孩子驕傲感大生。

剛認識班上長期第一的小朋友時，言談之間他下巴微抬、走路時輕微踮著腳尖，課堂上寫測驗卷，一堂課四十分鐘，他十五分鐘就寫完，之後每三分鐘問一次：「老師，我可不可以交卷了？」有一次他粗心錯一題，被扣了五分，他竟然瀟灑甩甩頭髮，跟我說：「唉，我的一百分太多了，這五分就送老師吧！」

聽他這麼說，我內心既震驚又不捨，十一歲的小孩已經擺出睥睨天下的姿態，但是他能永遠都這麼驕傲，不經歷失敗嗎？不可能！我心想，他如果現在不經歷失敗，未來他面對失敗時，可能將無法面對，我是不是應該讓他嘗嘗敗績？

心裡剛有這樣的念頭，機會就來了。有一天早上改作業時，學校發下數學奧林匹亞初賽宣傳單及報名表。通常全國科展或競賽，小學校很少參加，因為難以跟都市大學校競爭，但這次我看到報名表卻眼睛一亮，擴展這個常勝孩子眼界的機會來了！我翻出他的聯絡簿，拿起紅筆寫下：「某某媽媽好，某某是老師指導過的學生中，資質最聰穎、最勤奮努力的學生，若他能有機會開拓眼界，相信能更上一層樓……」，然後我在聯絡簿裡夾上了數學奧林匹亞競賽的宣傳單和報名表。

到偏鄉任教後，我從跟家長對話的經驗中掌握到一個技巧，就是跟家長溝通時盡量先說好話，這並不是為了取悅或討好家長，而是這裡的家長對小孩的教養方式多為責備與打壓，孩子犯錯時較少用正向語言去引導孩子，孩子表現好也很少稱讚。因此只要不違背事實，我會盡量在家長面前大力表揚孩子，因為孩子最需要的是家人的肯定，而且讚美孩子，也讓家長對自身的教養產生信心。

回到這件事情，隔天早上這個孩子到校，沒有像往常一樣先跑出去玩，而是先交作業和聯絡簿，看他一臉喜色，我猜他的爸媽應該大大讚美了他，打開他的聯絡簿，果然家長樂見孩子報名參加這項競賽。

初賽當天，我陪著媽媽和孩子前往市區應試，那天是這個學生第一次見到這麼大陣仗的競試，考試開始前，他看著其他參賽者，有的玩魔術方塊、有的看小說、有的運動，他驚奇的眼神四處張望，讓我想起當年隻身北上讀高中的自己。

一如預期，他的競賽成績並不理想，這次挫折也的確改變了他，我發現後來他在教學習落後的同學功課時更有耐心了，我想是因為他能夠理解遇到困難與挫折時的心境，以至於更能同理且謙遜了。

沒有機會強化優勢

偏鄉孩子受限於環境，學習資源沒有都市孩子多，但自小在田野中長大，培養出對自然生態敏銳的觀察力，這是他們的強項，都會區小朋友沒辦法相比，他們個個都是天生的「大自然玩家」。

剛開學時，只見小朋友下課就跑出去，沒多久又衝進教室興奮大嚷：「老師，我抓到一隻好大的『肚伯仔』（蟋蟀）。」然後跟我展示被他困在掌間的蟋蟀。原來他們下課忙著裝水去灌肚伯仔了。孩子熱情邀我一起去灌肚伯仔，一大片泥土地他們眼睛瞄一下就知道哪個洞裡有肚伯仔，也知道灌水後肚伯仔會從哪裡鑽出來。孩子們分工合作，一個往這個洞灌水，那個守另一個洞，果然，沒多久，肚伯仔就從另一個洞鑽出來，被逮個正著。

除了肚伯仔，孩子還常抓蜥蜴來跟我獻寶，告訴我這是什麼蜥蜴及牠的習性、生態。學校很多樹的樹幹上常出現一道道短短的刻痕，我以為是人為的，孩子告訴我：「老師，這獨角仙跟鍬形蟲弄出來的。」原來這兩種夜行性昆蟲喜食樹液，夏秋之際，晚上常常群聚樹幹上「用餐」，留下一道道刻痕。

我在學校教自然，雖然我是傳統教育訓練出來的資優生，但我的自然識別功力遠不及小朋友。出現在他們面前的昆蟲、花草樹木，他們都喊得出名字，如數家珍。都市小朋友很難有這種經驗，通常看到昆蟲第一個反應是尖叫閃躲，即使是自己學校裡種的植物、路邊的行道路，通常也都很陌生。

而且我也發現，孩子各有各的專長，有的小朋友喜歡機械，手繪的機械圖細緻到讓人驚嘆，有的小朋友立體空間感很好，如果能夠適性發展，以後就是優秀的機械工程師、設計師、建築師。

我都看到小朋友身上的光芒了，可是小朋友自己看不到，家長也未必能發現。教育的目的，不就是強化孩子的天賦與興趣讓每個孩子適性發展？尤其在主流競爭裡，偏鄉孩子的學業競爭力的確不如都會區孩子，教育應該讓他們能創造更多的可能，而不是留在主流裡等待挫敗。

於是我想到從孩子們的興趣及專長著手，或許運用貼近他們生活的資源，能開創課堂外的學習效果。我接下了科展指導老師的任務，利用週末帶學生做科展，依學生的興趣及專長，組了兩個科展團隊，一隊是對自然生態感興趣的「甲蟲王」，一隊是對機械原理有興趣的「飛行者」。

做科展　找出孩子亮點

學校喜歡昆蟲的四、五年級學生，主動要求挖雞母蟲（鍬形蟲的幼蟲）來飼養，觀察鍬形蟲從幼蟲到羽化成為雄糾糾甲蟲的過程。那等雞母蟲變成甲蟲後要如何餵養呢？小朋友花許多心力查閱資料，市區寵物店老闆建議他們餵食昆蟲果凍，但學校附近買不到，孩子們餵甲蟲一般水果，卻發現甲蟲似乎沒有很喜歡。這群孩子組成「甲蟲王」科展團隊，研究甲蟲的習性與攝食偏好。

學校另有一群五、六年級學生常常在上課時偷摺紙飛機，下課後到草地上比賽，輸的人要設法改良飛機形體，看看能否反敗為勝，漸漸的他們摸索出：「機翼愈大，飛機滯空時間愈久；流線曲線愈明顯，直線飛行距離愈遠。」但知其然卻不知所以然，他們開始好奇為什麼飛機能飛？怎麼樣的設計才能讓飛機飛得更遠更

「甲蟲王」團隊下課後觀察甲蟲，換土、餵食。

學生認真地查資料，利用不同材料做飛機，測試飛機模型。

久？這群孩子成為「飛行者」科展團隊的成員，他們嘗試用各種不同材料做飛機，測試什麼樣的結構跟材質做出來的飛機，能夠飛得又遠又久。

「飛行者」團隊中，有一個孩子喜歡動手DIY，有化腐朽為神奇的能力，有一次他將廢棄的鐵傘架製作成弩弓，因為有危險性我制止他，但心裡驚嘆他的能力；另一個孩子立體感強，喜歡繪製3D圖，常常把課本上的平面圖發展成立體結構，他們兩個是「飛行者」的主力成員。

原本找他們兩個做科展，他們興趣缺缺，因為他們只想自己動手做、動手畫，得知做科展還得利用週末時間到學校，更沒有意願。我跟孩子約定，先從做自己喜歡的東西開始，不一定要跟科展有關，兩個孩子才願意週末到校動腦動手。我也跟家長溝通，週末我會陪孩子一起在學校做模型，孩子表現好，我會獎勵他們，讓他們跟好朋友留在學校打球。

我非常樂意週末陪孩子在學校做科展，但我能力有限，於是我請兩個大學專業為生物科技的朋友來指導學生。後來這兩組學生又吸引其他對於機械和生物有興趣的四年級學生，週末時在學校，只見孩子們圍成兩圈或站或坐或趴，一圈為飼養箱裡的甲蟲換土、餵食、觀察、記錄；一圈查資料、畫結構圖、準備材料、做模型，個個專注於眼前的實驗活動，展現了我在教室中沒看過的學習慾望，我發現當課程活動與學生的興趣及生活脈絡連結時，學生會迸發出強大的自主學習能量。

學生們學到很多，「甲蟲王」有孩子說，甲蟲像是他的好朋友，看著牠從幼蟲變甲蟲，覺得自己有責任要好好照顧牠；「飛行者」有孩子跟我說，他發現飛機模型每個部位都很關鍵，細心才能做出更好的飛機。

後來「飛行者」獲得台南市科展佳作，孩子興奮不已；「甲蟲王」團隊雖因沒有獲獎而失望沮喪，但我想，這都是孩子們難得的經驗。

別具意義的校外教學

任教第一年，曾經聽校長講述一件事。校長到學校的第一年，問孩子：「你的夢想是什麼？」學生竟回答：「七七乳加巧克力。」十元一條的巧克力竟是孩子的夢想！校長決定要打開學生的眼界，讓他們看見更多可能，於是邀請了作家、繪本插畫家、音樂家、導演等不同職業的人來學校分享，所以新山國小的孩子接受的文化刺激愈來愈多元，但我希望孩子有更多不同型態的學習機會，剛好在我任教的第一年下學期（二〇一五年），走訪全台小學推動「健康海洋」計畫的「海龍」來到新山國小。

「海龍」本名黃柏堯，是一個熱愛大海的年輕人，他從二〇一三年開始推動「健康海洋」，徒步環台到各地小學分享他的理念，希望對小學生進行海洋教育，他來到新山國小，讓我們有機緣展開一項前所未有的教學計畫。

四、五年級的孩子先用一學期時間了解塑膠對海洋生態與生物的影響，並將想要改善海洋環境的意念轉化成實際的行動。孩子透過擅長的扯鈴表演（我們學校扯鈴隊常在各項比賽得名）、自製的紅茶與皮帶手環「以工換願」，一邊籌募環保低碳旅費，一邊向大眾傳遞「健康海洋」的重要性並倡導「減少一次性塑膠」的概念。

在師生與家長努力下，暑假我們以低碳方式（搭乘火車、公車及徒步）在花蓮、台東進行五天四夜的「健康海洋」計畫，包含出海賞鯨、沿街倡議、海岸淨灘、團隊合作等課程活動，順利達成勸導九九九名民眾承諾減少使用吸管或塑膠袋的目標，並蒐集九九九支使用過的吸管與二三四〇個塑膠袋，製成三件塑膠衣供黑潮海洋文教基金會宣傳使用，以實際行動改善生活情境中過度使用塑膠製品的現象。

參與「健康海洋」計畫，讓孩子們第一次體驗走出社區到城市街頭對社會募款，也是第一次有機會在外長天數旅行，更是第一次立下宏願要完成一件深具意義的任務。半年任務期中，有幾個學生退出計畫，但能堅持到最後的學生，因為完成了自己原本認為不可能完成的任務，談吐之間更有自信。

之後我得知「全球孩童創意行動挑戰」（Design for Change，簡稱DFC。源自印度河濱學校的教學活動，鼓勵小孩透過感受、想像、實踐與分享，完整實踐一個活動計畫，希望培養學生「Yes, I can」的信心，二〇一一年開始在台灣推動）台灣年度分享大會將在台北舉辦，將有十組入圍國小學生做專案成果分享，我有了帶孩子去參加這項活動的念頭，希望開拓孩子眼界，看看同樣年紀的小朋友在做什麼，也希望孩子們知道他們完成了「健康海洋」計畫真的很了不起，藉以提升信心。

我特別去借DFC出版的新書，內容為學生如何發現問題、發揮想像力與行動力的故事，我和班上學生約定，想去的人必須在兩週內上網查資料或閱讀DFC新書，深入了解這項活動。為了提高學生參與意願，我把書中重點內容用書籤標記，還上網節錄故事，讓孩子便於查閱。

兩個星期後，有四個孩子表示想去，但校方擔心小孩遠行安全，而且費用學校無法核銷，加上即使我們搭最早的自強號到台北也無法準時到場，種種阻礙使我意念動搖，但孩子一致堅定的跟我說：「老師，我們自己有零用錢，我們會照顧好自己。」小朋友的態度讓我決定完成這件事。

事後證明這個決定是對的，那天我和小朋友一起經歷了很多開心時刻，一起在火車上看書（平常在教室都不太看書）、一起吃火鍋、一起認真專注的聽著每一組分享並主動提問。分享會結束時，有個學生指著會場的標語問我：「老師，『Yes, I can』是什麼意思？」我說「它的意思是『是的，我可以』。」她說：「老師，我覺得我們也滿厲害的，下一次換我們來分享！」雖然兩年期滿後我沒能繼續帶他們，但我想，孩子們已經知道學習不是只有成績，他們並不比都市孩子差！

成為孩子王，也找到自己

我喜歡孩子，到任教學校報到之前，我認為自己在帶孩子這方面不會有問題，但實地站在教室裡，我才知道帶班是多大的挑戰。為人師第一年，在跟孩子相處與互動上，我撞得鼻青臉腫，第二年才漸入佳境。這兩年，給了我非常寶貴的磨練。

被學生拍桌子

新山國小規模很小，一個年級一班，加上幼兒園，全校才八十六個學生。第一年我擔任五年級的級任老師，班上只有十一個學生，人數不多。對小朋友來說，我的年紀及外表就像一個大哥哥，一開始，我也以大哥哥的姿態跟學生親近，但很快發現他們頻頻踩線試探我的底線，初為人師那段日子我被踩慘了，甚至上課時被學生拍桌子！

五年級的孩子步入青少年前期了，愈來愈有主見，喜歡打破規劃、踩踏界線，有陣子下課時間常見他們在白板上畫牛，然後問我：「牛的英文怎麼說？」當我回答：「cow」（發音同中文的「靠」），他們先興奮對視，然後大笑。我把小朋友畫牛這件事當成下課自由活動的一部分，不會特別處置。

但有一次上課鐘響了，一個學生還很專注的在白板上畫牛，並在旁邊直接寫下「靠」，我提醒幾次，都無法讓他回座位坐好，於是我的口氣重了些，一來一往我們發生爭執，他一氣之下，拍桌子大吼：「你是怎樣的老師啊？像你這樣的老師誰會尊敬你？」這個孩子情緒不穩定時，面對衝突往往極不友善，那時我還是菜鳥老師，面對他的爆怒，傷心難過之餘，完全不曉得該怎麼辦。

跟孩子相處是要學習的，我從挫敗及錯誤中慢慢摸索出，跟這個年紀的孩子講話，我必須降低自己的高度，用他們的語言、同理他們的心情來溝通，比如孩子捉弄同學，直接跟他說「這樣沒有禮貌」沒有用，若把同理心帶進來，問孩子：「如

和小朋友一起打球常常需要解決紛爭。

學生喜歡在白板上畫牛，剛開始我不以為意，沒想到最後竟惹來學生對我拍桌子。

我喜歡打籃球，常在課後帶各班孩子在球場上打球。

果他這樣捉弄你，你感覺怎麼樣？」才能有效溝通。我逐步學習與修正，後來再面對大爆炸的孩子，我已經知道怎麼應對了。

校園裡的小魔頭與小霸王

低年級課後照顧班有一個孩子，由於家裡寵溺，講話比誰都大聲，也養成他「順我者昌、逆我者亡」的小霸王脾性。他和我感情很好，課餘我們像兄弟一樣，但當我回歸「老師」角色對他提出要求，他就爆炸了，比如他作業簿寫得不認真，字寫得不整齊，我要求他修改，他生氣摔筆，甚至握拳瞪著我，以眼神示意我改變決定，順著他的意走，但看到我態度堅定，他就摔作業簿摔筆，無論我再說什麼，他的態度就是：「隨便啦，我就是不想寫啦！」

一開始我總被他的霸道與無禮激怒，並生氣他摔東西的行為，罰他面壁，相同戲碼不斷重複上演。有一天我跟他又因為改作業槓上，他又被我叫去面壁冷靜，過一會他情緒才稍微平復，我上前想和他對話，但他看我走近，心裡那股怨氣又冒上來了，低頭緊握雙拳，身體微顫。

以前我看到了孩子這樣，不是緊張的想討好化解，就是用老師的權威逼孩子就範，但後來我想，改變處理方式結果會不會不同？這次我冷靜還原整個衝突過程，確認他了解為什麼事情會演變到這個地步，但他依舊低頭不看我，這時我把手掌貼上他的額頭說：「當老師叫你修改作業、叫你罰站時，你是不是很生氣很難過？」小霸王點頭，淚水從眼角直直滴落，我告訴他：「看到你生氣時，老師也很難過，但我好愛你，好希望能陪你一起學習寫作業，我需要你的協助，才能解決問題。」我們又靜默了好一陣子，最後我說：「等你準備好了，我們就去寫作業吧。」這是我和這個孩子最激烈的一次衝突，但也是最後一次。

學校高年級有個魔頭，脾氣暴躁，無論在家在學校，一不高興就容易暴走，他在家不聽話時，爸爸常是直接一個耳光甩下去，結果他也學會拳頭最大，跟同學衝突時，慣以武力取得優勢。他聰穎卻討厭學習，時常因故缺席我的自然課，不過因為他很愛打籃球，跟我成為麻吉。

我喜歡打籃球，常在課後帶各班孩子在球場上打球。籃球是激烈的運動，球場上球員肢體碰觸稀鬆平常，但跟別人發生碰撞時，他常是二話不說拿球就往對方身上砸，還大聲痛罵對方。有幾次衝突嚴重到雙方老師必須把學生拉開，各自帶回班上處理。

等孩子情緒平緩下來，我會和孩子回顧那場衝突，哪個點讓他產生負面情緒，因為這樣的情緒他有了什麼行為，這個行為引發什麼後果，這個後果又導致什麼後續發展，我們該如何面對及處理。隨著一次次的釐清與討論，魔頭爆炸的次數下降，甚至還在學弟們吵架時有樣學樣，扮演和事佬。

但有一次，他惡意犯規撞倒學弟，還出手打另外一個孩子，我指責他，他爆炸了，對我大聲咆哮，作勢要揍我，當下我很生氣也很失望，沒想到一節課後，魔頭默默走進我的教室，小聲又害羞的請我出去，跟我鞠躬說對不起。我沒想到他會主動認錯道歉，又驚喜又欣慰，好好嘉勉他一番。雖然之後他還是會有忍不住爆炸的時候，但他心裡已經知道是非對錯了，也能面對自己的錯誤。

那兩年，在處理一樁樁孩子情緒波動引發的摩擦與衝突，我深深感受到，大人處理事情的態度會大幅影響孩子的反應，我因此學習到很重要的一點：師生發生衝突時，大人應該先處理好自己的情緒，帶著憤怒、討好或委屈去面對孩子只會讓事情變得更糟。大人整理好自己的情緒後，再去承接孩子的情緒，才能理性討論如何解決問題或改變現況。

可樂事件　最大的挫折

即使我漸漸摸索出跟孩子相處的方式，但畢竟欠缺經驗，也不知道學校有一些約定俗成的慣例，比如聖誕節的午餐，級任老師通常會安排大餐，任教第一年的聖誕節我什麼都沒準備，結果遭遇兩年老師生涯中最大的挫折。

那天的午餐，三年級吃麥當勞、四年級吃火鍋、六年級吃薑母鴨，（一、二年級半天課，中午就放學了），我帶的五年級則如常吃學校營養午餐。事先我知道四年級的級任老師與學生約定，表現好可以吃大餐，六年級則是因為班上有同學沒吃過薑母鴨，老師覺得節日是一個好機會，讓全班一起品嘗薑母鴨的味道，我並沒有聯想到這是其他老師特別安排的「耶誕大餐」。

結果午餐吃到一半，我們班有個學生飛奔進教室大喊：「隔壁班吃火鍋跟薑母鴨，只有我們吃營養午餐……」孩子們開始竊竊私語，小朋友的反應總是很直接，不外乎是羨慕與難過，營養午餐都不想吃了。於是我跟小朋友解釋為什麼其他班級可以吃好吃的，也立刻告訴孩子，如果他們也想要吃火鍋，現在就可以開始規劃期末的聚餐，以安撫小朋友沮喪的心情。

午餐後刷牙時間，小朋友得知其他班還有可樂喝時，成了壓垮駱駝的最後一根稻草。小朋友跟我抱怨：「為什麼他們可以吃好吃的，還可以喝可樂？就我們班沒有！」我啞口無語，因為我不知道其他班級的可樂從何而來。

帶著困惑我走進辦公室，發現桌上有一瓶大容量可樂！同事告訴我，因為今天全校午餐都有特別安排，校長於是將學校庫存的可樂拿出來為孩子增添歡樂氣氛，只是中午發放可樂時，我正在教室向我們班學生說明「為什麼只有我們吃營養午餐」，於是同仁想說稍晚再拿給我。

了解情況後，我拿著我們班的可樂走回班上，卻發現自己竟然被學生反鎖在教室外面！

開學已經有一段時日了，我以為我跟班上孩子已經建立了親密的感情，從沒想過有一天，我竟然被自己這麼在乎的學生反鎖在門外，心碎的當下，我跑到廁所痛哭，我不懂小朋友為什麼會因為一瓶可樂跟我嘔氣，讓我如此傷心？

下課休息時間，我跟上一堂上我們班課的三年級導師說可樂的事情。後來我正在上課時，只見三年級導師帶著他們班的小朋友抱著一瓶大可樂走進我們班，小朋友說，為了感謝我們班的大哥哥大姊姊平常在升旗時為全校演奏國歌國旗歌，因此想要將他們班的可樂跟我們班分享，我們班喝剩的他們再喝。聽到這裡，我心裡暗自佩服這位老師的經驗和智慧，透過分享可樂一方面安撫了我們班學生難受的情緒，一方面也機會教育學生懂得感恩與分享。

班上孩子一掃之前的鬱悶，全班討論後馬上把可樂喝得精光。下課後，我到辦公室將我們班的可樂拿到三年級教室，三年級的導師搖搖頭說：「剛才那瓶被喝光的可樂是我們班的感謝與分享，一滴不剩都沒關係，但你手上的那瓶可樂，是你們班的，如果你想分享給我們，應該和你們班孩子一起來。」

前輩的話狠狠打了我一記，我恍然大悟，原來我一直都是一個人，一個人思考、一個人行動，從頭到尾都只有我自己，我跟班上小朋友討論問題時，總是用「你們」，而不是「我們」，我總是想要改變他們的思維和行為，而不是放下自己的思維和行為，和他們真正站在一起。

當我開始用「我們」思考時，我這才體會到，孩子並不是想要傷害我，只是因為沒有得到想要的，所以難過與傷心；孩子也不是不懂得分享，只是分享的範圍還沒有我期望的大，所以我要做的不是改變他們，而是改變我自己。

後來經過全班討論，我們班在期末舉辦烤肉會。烤肉那天中午，小朋友生火已經花了很長時間，好不容易爐火興旺，他們先烤比較不容易熟的蝦子，時間有限，我怕孩子們來不及吃，心想烤肉架上的食物留給他們吃，自己走到學校廚房，吃兩個營養午餐的包子裹腹，回來時發現，孩子在兩片吐司裡擺了兩條烤熟並剝好殼的蝦子，雙手奉上，請我先吃。

這份吐司夾蝦子是我當老師以來收過最開心的禮物，象徵著當老師的第一個學期，從跟孩子衝突、到互相理解、建立信任，過程中的辛苦、心酸與成就。當孩子奉上吐司的那一刻，我覺得我對孩子掏心掏肺是值得的，我吃得心滿意足。

和孩子們約定好的期末烤肉會，大家都玩得開心，吃得開心。

幫學校經營粉絲頁

ＴＦＴ老師在第二年，必須提出每個人的「教室外影響力」計畫，希望老師能發揮的影響力不僅在教室內，更鼓勵將教育力與領導力擴散至校園與社區，甚至是整體社會。

有句非洲諺語說：「拉拔一個孩子成長，需要整個村落的力量。」在偏鄉，學校是人際網絡與教育文化的重要據點，身為學校教育人員，不應該只在學校圍牆內從事教育工作，而應該主動出擊，與學校所在社區互動。我發現學校大多數家長平日工作忙碌，只能透過學生的聯絡簿或學校大型活動來了解學校，如果家長無暇參加學校活動，對學校在做什麼幾乎一無所悉，因此我提出的「教室外影響力」計畫，是在社群網站為學校開辦粉絲專頁，運用攝影和文字促進學校和社區的交流，讓家長及社區多了解學校。

有空我就拿著相機穿梭校園，捕捉學校每個人的身影，選擇合適的題材，每週發布兩至三則文章與相簿到學校的粉絲專頁。我取材很廣，比如學校工友為學校重大活動製作布條三十年如一日、學校替代役士兵在颱風後花一整天清除操場淤泥、老師用心指導學生進行閱讀剪報與繪本課程、校長及主任用心安排講座分享故事開拓學生眼界、幼稚園老師精心布置學校的彩繪椅、假日後學生看見校園滿是垃圾主動發起撿垃圾活動……。

經營粉絲專頁的第二個月，有一天學校來了一對夫妻，他們長期關注學校網站，那陣子看到粉絲專頁上的校園故事，計畫把他們即將升小一的小孩從柳營市區轉到我們學校。他們前來參觀，希望多了解學校情況。校長後來說，這是他來學校四年，第一次有其他學區的家長主動來校參訪，他非常欣慰學校全體老師的努力被看見了，這件事情也讓我很振奮，更加努力經營粉絲專頁。

漸漸的，粉專文章按讚的人愈來愈多，家長的留言也日益增加，或鼓勵老師學生，或肯定學校辦學。經營學校粉絲專頁，讓我清楚知道教育人員能發揮的影響力絕不只在教室裡及在學生身上，我還可以影響學校同仁、社區、家長，甚至是社會大眾。

一趟「找自己」的旅程

TFT兩年不但是很特別的人生經歷，對我來說，也是一趟「找自己」的旅程，我終於找出自己最大的盲點及弱點，攻克了它。

TFT本身是一個很理想化的組織，它用它的理想，號召到一批同樣具有理想性格的年輕人加入，而TFT宏大的目標與願景讓我們更理想化。當這樣的年輕人帶著浪漫的情懷、帶著對自己的期許、帶著對這份工作的理想進到教育現場，發現「我想做的」跟「我能做的」差距很大，面對理想與現實的落差，那個挫折是非常巨大的，心裡充滿「無能為力」的失敗感，隨之而來的壓力也非常龐大。

第一年我非常挫折非常痛苦，可是我一如以往，咬緊牙關自己苦撐。我沒有請教隔壁班老師要怎麼帶五年級學生，也不告訴任何人我在師生關係上有很大問題，自己悶著頭不斷跟學生碰撞，有幾次我真的覺得撐不下去。

其實TFT為派出去的老師建構了完善的支持系統，在服務學校及任教地區都安排了導師，同縣市的合作學校相距也都不遠，這樣安排，除了讓我們知道夥伴離自己不遠，不致覺得孤立無援，在情緒低落到自己無法排解時，跨上摩托車或開車，半小時內一定可以找到另一個夥伴相互取暖、加油打氣。

可是，第一年，這些支持力量我都沒有用到，因為我怯於開口求援。

在一次次自我對話中，我發現，我開不了口，還是受過去生病影響。國三生病後，我每一天都在跟罹患重症這件事，以及被病痛折磨的身體，尋找一個理解、共存、一起活下去的調和狀態。我把生病視為我人生很大的挫敗，考上建中，我認為我克服了這個挫敗，我以為去到新環境我可以重頭開始，但高中三年一團糟，我掉入另一個失敗。

大學不再需要洗腎，我不再覺得人生絕望，我有了跟高中截然不同的校園生活，我遇到很多很棒的人、結識了很特別的朋友，大三獲得總統教育獎，我克服了對自己身體的自卑，我開始願意談生病的過去，我以為我好了，也很滿意那時的生命狀態，我對自己有自信，也相信自己有能力做很多事，對社會有貢獻。

加入TFT，我帶著自信與期望奔赴偏鄉，我又再度在新環境面對失敗，我跌倒了，我試圖站起來卻爬不起來。高中的歷史重演了，為什麼？原來，從高中到大三我能夠開口說出自己的故事前，我幾乎是一個人走過來的，從不願對外發射求救訊號。

當行事順遂意氣風發時，我不再是那個生病時孤單自卑封閉的徐凡甘，但面對挫折身陷困境時，十五歲的徐凡甘出現了，我還是直覺的感到自卑跟害怕，而且也很直覺的把自己封閉起來，不願意讓別人知道我的情況。

連結過去與當下，我才知道，原來我一直沒有跨過那個障礙，對症下藥。我明白我必須練習一件事：鼓起勇氣說出我的失敗、我的脆弱，以及我需要什麼幫助。在我終於開口問同事：「學生不交作業要怎麼辦？」同事親切分享他的心得、傳授我各種招數，我發現求助原來並不難，也不可恥，更不會被人看低。展現脆弱並不表示軟弱，而是真實，在我願意展現真實時，我也和他人產生了連結。

層層疊疊的脆弱，我一層一層翻開，終於看到最裡面的自己，看見長久潛伏在我心底的孤獨與倔強，這是一個很大的翻轉，如果不是這兩年，我無法真正破除心魔，勇於面對困境，這也是我在偏鄉兩年最意外的收穫。回頭看那兩年，心裡只有滿滿的感恩，感激校長與同事們、感謝孩子與家長們。

12 偏鄉的哀愁與省思

兩年老師生涯，透過家庭訪問，我發現真的「教育不均等」不在學校，而在家庭功能，我深深感覺，偏鄉孩子的弱勢其實不在地理位置，也不是硬體設備與資源，而是成長環境及家長視野。

說實話，我並不喜歡「偏鄉」二字，因為有「偏」必有「中心」，陶淵明曾說：「心遠地自偏」，所謂偏鄉可能不是地理的偏僻，而是心理的傲慢與忽視，以都市為中心的觀點會讓「偏鄉」失去主體性，成為弱勢、偏差的代名詞，我個人認為用「鄉村」、「漁村」、「農村」取代「偏鄉」，來表達與展現多元文化資本與環境的差異會比較適當，但現今討論教育不均議題，「偏鄉教育」幾乎已成為專有名詞了。

家庭訪問　了解孩子成長環境

剛到學校任教時，聽到小朋友以流利的台語飆出成串髒話，我呆住了，慢慢跟社區及家長熟悉之後，我才知道是環境使然，小孩說髒話是模仿而來的，但不少家長說髒話不一定是罵人，很多時候是拿髒話當語助詞、連接詞，或是拿來「幹譙」看不順眼的人事物。

其實鄉下的家長對老師是很尊重很有禮貌的，但有些家長不一定意識到，這也是他們應該以身作則教孩子的事情之一。我曾看到一個場景：爸爸拘謹客氣的跟老師說話，但一轉頭看到孩子在旁邊調皮搗蛋，一秒鐘變臉痛罵小孩。

我的學生中，有孩子曾經被嚴重家暴，學校同仁提醒我要留意孩子身上是不是有莫名的瘀傷，也有孩子是隔代教養和單親家庭，隔代教養多因為爸媽離鄉賺錢，單親多因婚姻觸礁，外配家庭的問題則是父親長時間在外工作，外配母親沒有能力教導孩子課業。種種因素皆會直接、間接影響孩子的品格、態度，以及在學校的學習。

家庭訪問不是學校規定老師一定要做的事，但我把家訪視為重要工作，因為家訪能讓教育工作者真正走入學生成長的家庭與社區脈絡中，以截然不同的視角觀察學生。家訪過程中，從觀察孩子住家格局、家裡布置、親子互動等，到跟家長談話，都是搭建親師信任橋樑的基礎工程。當我連結教室內的經驗及家訪所得，孩子一些行為背後的動機，往往變得合理而可預測。

我第一年擔任五年級級任老師，但班上有些學生從一年級入學後從沒接受過老師家訪，不是級任老師不訪，而是家長拒絕。一開始我也碰釘子，鍥而不捨一再溝通，家長才終於同意。家訪解答了許多我坐在教室裡無法解開的困惑，比如為什麼孩子回家總是無法完成作業？原來他的房間裡只有床、櫃子和電腦，沒有桌子寫作業，他要如何完成作業？

家訪時我會拋出我在學校的觀察，希望了解孩子在家是否也有類似情況，家長又如何處理？交流中家長發現，我並不是在指責孩子，而是希望孩子變得更好，當親師雙方把問題聚焦在如何協助、而不是處罰孩子，就容易達成共識，一起討論如何解決孩子作業遲交、晚進教室、學習落後等問題，而家長的理解及認同，是我很大的助力。

後來我和家長發展出默契，比如只要一通電話，媽媽就知道回家後如何接手處理孩子的情緒，有幾次我帶孩子外出活動，家長其實擔心，卻仍然願意信任我，告訴我：「老師，有你在就放心了。」當TFT兩年計畫期滿我離開學校，有家長傳訊息跟我說：「老師，謝謝你讓我知道我做得很好，謝謝你跟我說我可以做什麼。」

學校與家庭脫離　階級難以流動

透過家訪，我了解到，班級經營不能只在教室裡形塑，因為家長的教育理念、家裡的管教方式影響學生待人處事更大。如果班級經營與家庭教養無法協調出一致的步伐，孩子將在夾縫中錯亂迷失，不知如何自處。

我也體認到，學生如果沒有健全的身心、品格與正向態度，很難有學習動機，因此學習意願低落、學習倦怠與學習成效不佳，也不令人意外了。這並不是補救教學或獎勵處罰就能拉上來的，唯有先讓學生身心狀態佳，才能去談學習成效。因此任教第二年，我在乎孩子的身心狀況（如健康、開心）、品格（如負責任、誠實）、態度（如自我認同、正向思考），大於孩子的學習動機與學習成就，我許多教學活動或非正式學習活動的重心，都放在如何讓學生變得更健康、誠實、負責任與有自信，我也會在跟家長溝通時，提醒家長這些面向的重要性。

不過老師的陪伴是有限的，我努力帶一個孩子，就算小朋友到學校後時時刻刻跟我在一起，也才九小時，怎麼比得上親子在一起的時間？真正影響小朋友最多的是原生家庭，對孩子最有影響力的人是爸爸媽媽（隔代教養則是阿公阿嬤），我在孩子面前誇獎他十次，不如爸爸媽媽或阿公阿嬤誇他一次，這就是家庭教育的影響力！

家庭的力量，才是真的能把孩子往上拉的力量。只是家庭教養常是「代代相傳」，一個人成為爸爸或媽媽後，通常是無意識地複製他父母的教養模式來教自己孩子，家庭教育可以是良性循環，也可以是惡性循環。兩年為人師，我發覺孩子任何行為原因，最後都可以追溯到家裡，家長有沒有能力省思「教養」很重要，即使是弱勢家庭，也可以選擇把孩子放在好的、善的環境裡，我的學生也有身處於隔代與單親家庭中，但家人給予滿滿的關愛與照護，因此非常良善上進。

教育的功能之一是讓階級流動，不要讓階級沿襲，但要做到這件事情不只是學校及老師的事情，家庭教育與學校教育一定要放在一起思考，談論教育議題時，也不應該只想到學校教育，必須結合經濟、內政、社會福利、農村發展、文化產業等，跨部會跨領域統合協調。

我之所以有這樣的認知，是因為大學時上農業經濟政策相關課程時，老師常說：「農業議題不僅是農業議題，更是經濟議題。」這點在到鄉村服務後，我更是體會深刻。

以教育部每年投注龐大經費的補救教學為例，立意良善，希望藉課後補救教學，搶救孩子落後的成績，但為什麼成效不如預期？

因為制定政策者沒想到家長忙著賺錢養家無暇陪伴孩子成長，孩子學習成就低落不是光靠學校補救教學就救得回來，更需要補救的是家庭氛圍及家長教養方式。

當為政者不清楚學童的面貌、不了解他們處於什麼樣的成長及學習環境，如何做決策？如何縮短城鄉差距？如何提升弱勢學生的學習能力？

被嫌棄的枴杖糖

孩子價值觀偏差，是另一個我憂心的問題。

有一年平安夜，我特地騎機車去新營市買枴杖糖，想說隔天上課時給小朋友一個驚喜，同時可以跟小朋友分享聖誕節的由來，為什麼要送枴杖糖或禮物。

隔天一早進教室，等學生都坐好後，我拿出枴杖糖準備發給孩子，我本來以為小朋友會開心歡呼並說「謝謝老師給我們枴杖糖」，而且剝開糖果紙吃得津津有味，但學生的反應完全出乎我的預期，我聽到學生說的第一句話只有一個字，「爛！」第二句話則是「我還以為有什麼驚喜！」

當下我又生氣又失望，心想，我特別跑去市區為你們買東西，結果你們這樣糟蹋我的心意？當時我不能理解孩子為什麼會是這樣的反應，後來才知道，這是各界源源不絕的捐助所致。

台灣真的是一個很有愛的地方，很多基金會或是人民團體都會捐贈物資、書籍，甚至獎助學金，然後政府不同單位對偏鄉學校又有各種不同的補助、津貼。比如教育部對偏鄉小校有特別預算及加給，台南市教育局針對百人以下小學校提供學生免費營養午餐，加上多個民間單位、機構的補助，我們學校的學生，從幼稚園起就不必繳學雜費、也不用繳營養午餐費，還有各種獎助學金可以申請。

我們學校的圖書室，同時有天下雜誌基金會「希望閱讀」計畫及統一超商好鄰居基金會提供圖書給孩子閱讀，每學期這兩個基金會大約提供近一百五十本半年內出版的新書。

而且在校長積極爭取下，學校的教學設備相當先進，像很多都會區學校都還在用傳統的黑板，我們學校都已經換成觸控式電子白板，每一班都有，而且是電子白板加實物投影機，這樣的配備頂尖大學都未必能做到每間教室皆有。

孩子們在校內輕易享有充沛的學習資源，校外還有來自民間公益團體的各種捐助，也難怪他們會嫌棄我的枴杖糖了。當孩子們經常不必花費心力就可以得到很多東西，而且還有選擇權，他們就會把「得到」視為理所當然，不但不太會珍惜及感謝別人的付出，甚至抱怨、挑剔。

如果今天枴杖糖是他努力，比如他表現很好得來的，或是用爸媽給他的零用錢存下來買的，那就不一樣，他會珍惜；但今天枴杖糖是別人買的，只是他能得到的眾多東西中的一樣，他就會覺得「這個東西不怎麼樣，我不想要」。

我感慨萬分，我們的政府跟社會是不是都把問題想得太簡單，所以就用很簡單的方法解決？偏鄉窮，就給錢給補助，並沒有積極思考「給」的方式恰不恰當。把預算花在對的地方，或是用對的方式執行預算，也許做起來比較複雜困難，但只想用給錢這種最簡單的方法來解決，除了沒能達到預期效益，還可能產生負面效果。

偏遠地區弱勢家庭多，湧進偏鄉的各種資助也很多，有人想過、討論過、評估過，這對偏鄉孩子好還是不好嗎？

偏鄉教師荒　難以解決的問題

實地待過教育現場，我充分理解TFT說的：偏鄉缺的不是物資、不是硬體，是軟體、是陪伴、是照顧、是教育、是穩定優質的師資，是願意去理解這些小朋友在家裡、在學校遇到什麼挫折的老師。

這是TFT只往有需求的偏鄉送老師的原因，但遠遠不敷偏鄉所需。偏鄉老師荒嚴重，原因很多，兩年的經驗下來，我覺得「行政干擾教學」是最關鍵的原因。

一百人以下的小學，依現行規定，不算校長，教師編制為十一人，其中一位擔任教導主任、一位擔任總務主任，教導主任下面還有學務組長、教務組長，這樣就扣掉四位老師，原本總務主任下面應該有設備組長、資訊組長，但人力不足，就由總務主任包辦了。我們的人事跟會計主任都是跟其他學校合聘，每星期來我們學校兩至三天，其他時間去另外一所學校。

其餘七位老師，六位擔任一至六年級級任老師，一位擔任科任老師。如果在大學校當級任老師，而一個年級有十個班，老師只要顧好自己的班，不必管那麼多行政、宣導、評鑑方面的事情。但在我們這樣的小學校，一個年級只有一班，所以級任老師同時也是學年主任，帶班教學之外，可能還要肩負許多行政事務，如學生獎助學金申請發放、勞健保跟出納業務，有時還要協助辦理學校例行活動如學校日、校慶等等。

受員額限制，我們學校無法設立輔導室，但這不表示輔導諮商工作就可以忽略，第一年我除了擔任五年級級任老師，協助舉辦校慶，還兼任輔導老師；第二年我沒帶班，當高年級自然科任兼中年級補救教學班和低年級課後照顧班老師。一週課表從一到六年級都有，備課與教學難度大增。

我當輔導老師時，每學期必須依規定撰寫個案輔導報告，一學期至少要寫三個個案，每個個案至少寫三千字的輔導過程及輔導成效。第二年我必須寫補救教學成效報告，補救教學每週兩堂課，上十八週，結束後的報告包括每堂課上課內容、我的教學方式，同時描述每個學生的學習過程、困難為何，還要附上照片，呈現學生出缺席狀況跟成績表現，這份十五頁的報告，總共花掉我兩天時間。除了這些，老師上課、出段考考卷、選教科書，也都要寫評估表或報告。

偏鄉小校老師所面對的學生常是特別需要照顧跟陪伴的，面對的家長也需要花時間溝通，還要兼這個、兼那個，工作負擔已經很重，結果還得花百分之三十的時間做行政寫報告，老師還能有多少時間投入教學、陪伴學生？還好教育部近年來已朝行政減量著手，減輕老師工作負擔。

此外，還有校外的公務，老師必須參加各種研習課程、支援大型活動、輪流請公假去校外開會，一旦有老師參加研習或出公差，教學人力就不足。有一次台南市民俗體育競賽，我們學校多位老師擔任活動委員，我負責代課，加上自己原本的課，那個星期我總共上了三十七節課，創我個人歷史紀錄。

一人當數人用，已經讓偏鄉學校難招老師了，而近年來政府財政惡化及少子化現象，現在全台灣中小學教師出缺幾乎都不開正職老師的缺，以免日後學校減班，難以安排老師去處，缺老師就用代理聘用，一年一聘，造成有教師證的流浪教師每年得重新考學校。如果去偏鄉的小學校，離鄉背井之外，還要面對學生的狀況、學生家庭的狀況、社區的狀況，還要兼行政，還有寫不完的報告，真的會心力交瘁，所以很多流浪老師後來裹足不前，甚至離開教育界。

我們學校可說是台灣偏鄉小校的縮影，而隨著台灣社會少子化跟高齡化，學生人數愈來愈少的學校只會愈來愈多（目前一百人以下的小校已占國小百分之四十

課後指導學生的作業。

第二年我擔任科任老師，課後照顧時間和小朋友一起玩耍。

了），當學校規模很小成為常態時，就是政策跟制度的問題了。大校與小校並不只學生數量的差異，本質也不同，從行政運作、人員編制、課程設計、教材教法都應該適校適性。然而我們卻習慣用大校思維在經營一所小校，導致老師在小學校跟大學校不同工但同酬，雖有偏鄉加給，但心力付出與薪資增加不成比例，有多少人願意呢？

所以在偏鄉小學校服務兩年後，我完全能夠了解，為什麼有些老師會喪失熱情、做事僵化，只當教職是一份糊口的工作，早上七點半到校，下午四點半準時離校，不會多一分，也不會少一秒，寫報告、支援活動等也只是做到交差了事。因為在這樣的環境待一、二十年，真的會被掏空會麻木，教學只是一種反覆的過程，看到孩子行為脫序，也可以連眉頭都不皺一下。在這種情況下，如果沒有夥伴、沒有支持系統，二十年後的我可能也是如此。

當然，在新山國小兩年期間，我也看到很多老師是在沒有TFT之前，就做了好多TFT正在做的事情。這樣的老師才是真正的英雄，他們不把教職當作是鐵飯碗而已，我好敬佩他們。TFT教師或許有光環加身，然而我們背後有組織在運作、有資源在支撐，但我們做這些事情都很辛苦了，何況這些老師是一個一個分散落在不同地區不同學校，可以想見他們的辛苦跟壓力有多大，但他們一年一年堅持下來，默默的將人生奉獻給孩子。

和他們相比，我的兩年實在微不足道。了解制度面的問題後，我迫切的希望自己能站到比較高的地方，為這樣的教育制度與政策、為這些孩子、家庭與教育工作者做些什麼。

13

教育探索之旅

ＴＦＴ兩年雖然辛苦，但非常值得，它給了我一個跟過去完全不一樣的生活經驗與歷程，大大擴展了我的生命，沒有真實踏在偏鄉教育的現場脈絡裡，我永遠都不會知道偏鄉教育的艱難，沒有這兩年，我也不會有機會接觸其他類型教育，從而豁然開朗，不再被我自己的經驗所綑綁，而是跳出來，積極尋求解決之道。

師生關係　是對等還是上下？

在學校任教後，我發現，學校的管理思維常常讓我覺得有些沮喪。像是行政上要求某項活動的成果，常是因為有績效責任，要向教育局證明成效；課程有進度壓力，只能把學生個別差異放一邊，趕課優先。

我的教育價值觀跟傳統校園文化似乎不相容，連學生怎麼喊我，我的想法也跟學校同仁不同。

我喜歡孩子，到學校沒多久就跟孩子打成一片，上課鐘響我是「阿甘老師」，下課鐘響我就成了孩子王，跟孩子在校園裡打球嬉戲。但我跟孩子互動的方式，並不符合傳統師生模式。小朋友下課喜歡找我玩，有一次我在辦公室，小朋友一進辦公室就大喊「阿甘」，我很高興孩子來找我，但主任拉下臉跟小朋友說：「什麼阿甘，這裡沒有阿甘！」

主任的態度讓我嚇一跳，孩子也嚇一跳，原來孩子不能直呼我名字？

那時我還是菜鳥，又不是學教育出身，所以在學校遇到問題我都會退一步想，我忽略了什麼嗎？這樣做不妥嗎？這件事困擾我好久，我一直思考老師跟學生如何相處互動才適當，我的結論是：我是來陪伴孩子的，我喜歡這樣跟孩子相處，我並不覺得小朋友喊我名字就是不尊重我，那主任錯了嗎？也不是，只是我們教育價值觀不一樣。

延伸到班級管理，我上課的班級通常鬧哄哄，因為我不會板起臉面高分貝要求學生安靜，或是用制約手段讓他們回座位坐好，但通常其他老師一進教室、尤其級任老師出現時，全班馬上安安靜靜、一個口令一個動作。

我醒悟到，校長、主任甚至家長，都喜歡看到老師有老師的樣子、學生有學生的樣子，也就是老師有權威、孩子很聽話。大多數大人也認為不能跟學生平起平坐，不然學生就爬到你頭上了，回頭想想，這也是學生時代的我習慣的師生關係。

想法及作法不同，我心中不是沒有拉扯，也常懷疑自己不從眾是錯的。大聲罵學生，或威脅利誘讓他們聽話，我也做得到啊，但想到每次聽到其他老師痛斥學生「你們怎麼這麼吵」、「你們安靜一點」，我就問自己：你要成為這樣的老師嗎？

我覺得打罵與權威是在壓抑孩子的本性，小朋友本來那種勇敢探索、樂於嘗試學習的本性，就在一條條規定及責備中被壓抑消失，不當的打罵甚至會傷害孩子的本性，他們將來可能會以同樣的方式對待他人。我希望我跟學生是平等的，雙方的關係是對等的，孩子不怕我、願意親近我，在我面前不需要掩飾負面情緒或遮掩言行，我也能用引導與示範，而非權威打罵來協助改善孩子的負面行為。我也很開心自己能成為學生心中隨和可親的「阿甘」或「阿甘老師」，課外時間我跟孩子們打球、遊戲、聊天、讀課外書，我非常享受孩子們願意主動跟我分享大小事、願意笑咪咪的跟我玩在一起。

追逐分數　孩子失去自我

另一方面，看到孩子在「爬高」的遊戲規則下追逐、計較分數，逐漸失去自我，我非常難受。

平常學生見到我都熱情跑過來問好，我擔任五年級自然老師時，段考前學生遇到我，出口不是問候，而是：「阿甘老師，你考卷會不會出很難？」我以為考完試就好了，結果考完試，孩子變成追問：「老師，我考得怎麼樣？」還有孩子問：「老師，〇〇〇考得怎麼樣？」咦，問自己分數正常，為什麼還要知道同學考幾分？孩子說：「只剩自然的分數沒出來，現在他贏我一分，所以自然的成績很重要。」

教育政策強調培養學生競爭力，結果學生還沒培養出競爭力，先培養出了競爭的心態，且競爭的只是分數，而不是能力！在考試與分數面前，孩子關心的不是有沒有興趣、學到什麼，而是考試難不難、能考幾分，還有些孩子則是對考試麻痹，失去學習意識。

任教兩年，一到六年級學生我都教過，低年級的孩子遠遠看到我，就大喊「阿甘老師」，開心跑過來說「你看，這是我畫的畫」、「這是我剛剛撿到的果實……」、「老師為什麼……」他們對什麼都有興趣，拿到筆就想畫畫、聽到音樂就唱唱跳跳，看到什麼都來跟我分享，好奇無止盡。

但到了高年級，上課時我問：「有沒有問題？」沒有人開口，有一次我跟六年級學生說：「這堂課老師不上課本，你們可以告訴老師你們想學什麼嗎？」孩子們你看我、我看你，沒有人開口，最後勉強丟出一句：「不知道。」回應我。

看到他們的反應，我好心疼。從低年級到高年級，不過隔了中年級，為什麼孩子變化這麼大？怕被老師點名問問題、怕發表意見，孩子探索與學習的本能到哪裡去了？是我的教學準備不夠充分？是我的教學方法不夠生動活潑？我試圖引導學生提問、討論，可是每次我這樣做，面對的就是一群怕說錯話丟臉、低頭沉默的學生。

勇於開口、創造力、行動力、思辨力……，在我教的高年級學生身上漸漸看不到，我好難過。我認為這是傳統教學讓孩子從入學起逐漸習慣「等待」，等老師餵食課本上的知識、等老師在課本上劃重點、等老師交代作業、等老師公布答案……，小朋友逐漸習慣不主動、不思考、不行動，學習只是為了應付進度與考試，以致升上高年級時，學習模式已經僵化，不知道如何從老師教的東西裡發現問題，進而去思考「我想學什麼」、「我要怎麼學」，情況好的像是機器人，一個口令一個動作，狀況差一些的像是木頭人，動都不動。

當代的學校教育就像工廠的生產線，一樣的配方、一樣的製程，生產出沒有特色的罐頭學生，因為我們把學習能力的期望都壓縮在一本本課本裡，期待孩子一本本啃完後，就能成為我們想要的樣子，學習窄化成在教室內翻閱課本的圖像。可是誰說學習、受教育就等於在教室裡念書？念書就等於念國英數自社（以小學來說）？學生感受到的學習從來都不是他的，而是大人決定好的，老師在乎進度，同學在乎考試，爸媽在乎成績，學習既不是學習者的，也不是自由的，讀書的目的就是爬高、爬高、再爬高。彷彿追求好成績、擁有好學歷與好工作，人生就會完美無憾，卻失去了最關鍵的思辨能力，以及終身學習的動力。

華德福的美麗震撼

傳統教育的框架僵化和單一，限制老師和學生自我發展，我在教學空檔不時思索如何打破這些框框架架。TFT計畫的第二年，我開始有機會探索不同類型的教育，讓我驚豔也驚嘆，原來教育有這麼多可能性。其中，華德福教育讓我看到教學活動的多元與適性；「人文無學籍行動高中」的自學生讓我看到不以升學為目的的學習，如何培養出學生的素養與能力；全人中學讓我對師生關係及學習的主客體有更多省思；到芬蘭參加「國際民主教育年會」，則讓我看到芬蘭教師的專業與使命感。

二〇一五年暑假，TFT暑訓邀請當時宜蘭慈心華德福學校校長王智弘老師分享華德福辦學理念，比起傳統教育關注知識與技能的累積，華德福教育回歸到對生命的關注、強調身、心、靈的平衡健全發展，並兼顧社會的和諧與環境的平衡。

第一所華德福學校一九一九年創辦，至今全球已有超過千所學校實施華德福教育，是世界最主要的另類教育之一。華德福教育依循奧地利哲學家魯道夫・斯坦納（Rudolf Steiner）的教育哲學理念，用人類智能發展理論設計出一套完整的課程，針對不同年齡階段學生大腦、生理、心理、心靈、精神的發展程度，進行相對應的課程教學。

華德福學校將各領域的知識、議題融入環境或人文主題課程，一年四學期的制度讓主題課程得以連結季節性的慶典活動，另對應學童身心發展階段安排不同的藝術性課程，例如濕水彩、形線畫、優律思美（一種肢體律動課程）、泥塑與木工等……，完全不同於一般學校採分國、英、數等主科教學。

基於對於華德福的想望，二〇一六年七月我結束TFT兩年計畫後，二〇一六年八月至二〇一七年七月，我每月一次至宜蘭慈心華德福，進修華德福師資養成課程。

華德福教育相信「一顆種子蘊藏了一棵大樹的模樣」，小孩具備充足的成長潛能，教育工作者不僅要呵護、灌溉，更要保護孩子免於不當的刺激破壞。在華德福學校中，看不到塑膠製品，電視電腦等電子產品的使用更是節制，學校建材、教室布置、午餐食材，都盡可能自然，花草樹木是老師的教學工具，泥土石頭是學童嬉戲的玩具，如此重視教學環境，不僅保護孩童尚未發展成熟的身心，也引導小孩親近自然。

另外，華德福基於對學童身心發展階段的認知，循序漸進設計不同年齡小孩需要的藝術課程。我印象深刻的是，低年級的藝術課程中少有具體的圖像與人物，更多的是幾何線條與色彩，藉此發展這個階段小孩的內在規律與自我覺察。比如「形線畫」透過畫不同方向、長短與軌跡的線條，觀察孩子的氣質、個性與肢體發展狀況；也可以透過不同的線條，如直線、曲線、折線，以及更複雜、但具規律的圖樣，建立小朋友內在的秩序感。

實際操練這些課程，聽著老師講解課程背後的設計概念，我心裡不禁讚嘆著：「哇，好美呀，好有藝術性呀！」在新山國小任教時我會在下午的時候帶小朋友做美術活動，有時帶他們剪紙，有時繪畫，但我常丟給學生各色彩色筆，訂出題目，今天畫動物，明天畫家人，就讓學生自由發揮，對於顏色、線條等藝術創作跟身體、情感與自然環境的連結鮮少有引導，所以學生會畫得與真實動物很像，卻少了與創作本身的連結。

從「全人」省思師生關係及學習主客體

二〇一六年一月，由自學家庭組成的「人文無學籍行動高中」籌辦「不為誰」營隊，希望培育青少年自我覺知、系統思考與社會創新實踐的能力，找我擔任營隊精神領袖，引導三天營隊的反思、銜接與整合活動。

營隊尾聲，每個參與者要在大家面前分享自己的夢想，人文的學生楊逸頎的夢想是希望能申請「國際民主教育年會」（international democratic education conference）在台灣舉辦。那是我第一次知道「民主教育年會」，出於好奇心我開始去了解何謂「民主教育」，也才得知苗栗的全人實驗中學，是台灣第一所實施民主教育的學校。

民主教育主張以學習者為主體，認為學習者有能力決定學習對象、內容、形式及環境，並強調與學習環境中的他人的對等關係，如果在機構中學習，則學習者有權力參與機構的重大決策。而隨著一九九〇年代解嚴思想解放，一群有理想的家長與教師一九九六年在苗栗卓蘭創立全人實驗中學，當時因不適用任何法律，不被教育當局承認，多次經歷懲罰式的斷水斷電，以及公告拆除的危機，後來在二〇〇九年正式立案成為私立學校，全人有國中部及高中部，現在學生約七十人，年齡在十二歲至十八歲之間。

本著民主教育的精神，全人標榜自由學風、反對權威與填鴨考試，學生可自由選課、連署要求學校開設課程、自發決定是否進教室學習，並由著重教學發展的校務會議和著重生活事務的學生自治會共同管理。自治會採民主法治原則，權限非常大，如重要校規皆由自治會師生共同討論決議，另有九人法官處理衝突、違規等失序行為。

二〇一六年二月，我看到一本新書《成為他自己：全人，給未來世代的教育烏托邦》，作者劉若凡是全人實驗中學第一屆學生，親身體會過不同體制教育，從體制外教育、私立學校、明星高中，一路到台灣大學，書裡頭有一段文字吸引了我：「在全人的故事中，教育的烏托邦實現過，學生自動自發學習、自主管理生活。但隨著不同學生的來臨，烏托邦失序了，學生不進教室上課，偷竊、欺負事件頻傳。從課程到生活，學生不斷挑戰教師的底線。當自由不再是靈丹妙藥，教育該如何可能？」

劉若凡以過來人身分闡述全人二十年來的發展經驗，一件又一件的校園事件相當精彩。當時的我正邁入教學第二年，常被人認為班級經營風格過於親和，也苦惱於教師權威與學生自由的尺度拿捏，讀這本書，我特別有感覺。

在全人的治校原則裡，沒有教師權威、沒有道德規範，只有民主機制及叢林法則。例如學生洗澡被偷窺，老師不會介入，受害者需寫告單提告，由法官小組開庭審訊並判決，而具爭議的議題常被提到自治會進行全校辯論，出席自治會的師生要回應一個關鍵的叩問：「為什麼不能偷窺別人洗澡？」進而去思考「為什麼想偷窺？」、「如何不偷窺？」聽起來荒謬，但在全人的校園叢林裡，一磚一瓦的人文規範是在行為與思辨中踩踏出來的，經過全校自治會討論，決議的校規寫在一本書上，厚厚的幾百條。

但「全人」這樣開放、自主的教育思考與互動模式，適合多大的學生？環境上需具備什麼條件？我的學生才國小，是否能自主學習、獨立思考、做決定？我如果讓學生自由，他們會不學習、濫用自由傷害別人嗎？由於參訪全人需經全校討論通過，較為困難，二〇一六年五月，我藉著全人每學期一次的招生說明會前去該校，希望解開心中的疑惑。

這一趟走訪全人中學，我最大的體會與收穫是，我們大量知識性、複製性的教育工廠模式，自動定期餵養每一個小孩子罐頭食物，忽略人的主體性與差異性，加上生活脈絡的斷裂、強調獎勵與競爭，小孩就像被餵食「寒天」，空有飽足感（擊敗別人的成就感），卻沒有營養價值（這樣的成就感對生命的意義），更重要的是，小孩的食慾被破壞了。

全人中學不少學生是受不了體制教育的壓抑與扭曲，抱著逃離心態進入全人就讀，體制教育讓這些孩子拒學、翹課。全人老師分享，許多剛進全人的學生會行使

「不進教室」的權利，甚至有學生長達兩年不進教室，然而，不進教室是全人允許學生花時間去除過去學習經驗留下遺毒的過程。

對全人師生而言，不進教室並不代表沒有學習，他可能在房間裡玩音樂、看書，或者在戶外組裝單車，用他的方式嘗試與發展他的學習活動。即便什麼都不做，也是一種沉澱或休息，我們如果願意把空間、選擇權還給學生，學生一開始有可能會濫用、誤用，拿寶貴的時間去玩樂、睡覺，但在遊戲的過程中，會激發出積極性、創造性，感性與理性交織的全人狀態，這樣的現象在遊戲時間特別能觀察到。一旦學生重新找回學習目的，又能夠展開新的學習，將會變得更積極，也更容易持續堅持下去，並為自己的選擇負責。

有素養有能力的自學生

回來說我參與「不為誰」營隊的心得與收穫，參與這項活動可說是天外飛來的驚喜，在這場活動中，我認識許多來自各地的學生和社會人士，包括我從未接觸過的高中自學生。他們個個身懷絕技，有的年紀輕輕就是競技跳繩國手，有的文筆繪畫樣樣精通，但真正讓我感到特別的是，這些學生身上有一股我在同齡學生身上沒看過的成熟與自信，這在活動籌備的發想、參與討論的表達，以及團體活動人際互動中，特別明顯。

而楊逸頎提到「國際民主教育年會」，是「人文無學籍行動高中」年度重要的行動學習，每一年隨著國際民主教育年會舉辦地的不同，「人文」會以大洲為範圍進行約三個月的旅行，之前他們去過美國、紐西蘭、韓國，二〇一六年年會五月在芬蘭舉辦，除了芬蘭，他們也安排去丹麥與德國。

帶著對民主教育的好奇，我決定跟人文師生一起到芬蘭參加年會，為了這趟民主教育之旅，我事先花了兩個月的時間跟同事調課，排除萬難擠出半個月時間，也「做功課」閱讀芬蘭教育相關書籍，不過人文學生行前做的功課更讓我嘆為觀止。在出發前的一個學期，他們認真討論要去的國家及研究主題，像芬蘭的學習主題是跟設計與社會制度有關，德國跟二次世界大戰以及當時的歐債有關，丹麥則是教育，研究主題確定後，孩子們針對各國家的參訪主題展開資料蒐集與研究，接著再

來自世界各地的民主教育工作者齊聚一堂。

參觀芬蘭的學校，芬蘭人尊重孩子的想法，思維與作法跟台灣相當不同。

決定旅行中的活動。在芬蘭的兩個多星期，我們除了參訪芬蘭的學校與社區，也參觀了科學博物館、當代藝術館、歷史展覽館等，深入了解芬蘭的科學與人文發展。此外，還約訪國際知名的專題講者，甚至還跟台灣駐芬蘭的外交官吃飯，暢聊台灣人在芬蘭發生的趣事。

像這樣把世界當成教室，實地走訪，沉浸式的觀察、把握每個機會不斷討論與反思的學習型態，是我在國高中時期無法想像的。而這群十五、六歲的弟弟妹妹，竟然自己規劃三個月的行程，食衣住行都自己掌握，完成了北歐跟西歐的壯遊，讓我相當佩服。他們對陌生事物的好奇、積極參與討論、能與外國人侃侃而談介紹自己的學校與台灣文化，而且溫文有禮，與他們相處短暫的時光，大大擴增了我對於教育的想像及可能的實踐。

收穫滿滿的芬蘭行

「國際民主教育年會」始於一九九三年，每年由不同洲的國家輪流舉辦為期七至十四天的活動，聚集全球的民主教育工作者，交流討論民主教育議題。

到芬蘭參加國際民主教育年會，我大開眼界，開幕活動中，有超過三十個國家的教育工作者輪流起身接受全場歡呼，包括老師、家長、學者、學生與孩童，不論年紀、種族與性別，大家齊聚喝采讓人感到振奮，彷彿每個人的到來，都為大會增添光彩。

舉辦年會的整棟建築物，在年會期間，無論室內室外，都會看到一群人，或大或小，或唱歌、玩樂、聊天或討論，用各種方式自在交流。我從沒看過年紀輕輕、不到十八歲的學生可以跟一個滿頭白髮的學者平等談論教育議題，我也沒看過一群第一次見面的陌生人，可以在走廊上隨興互動，起先有人吹口哨，後來有人拿出吉他，愈來愈多人加入，成就一場即興豐富的音樂饗宴。在那裡，年齡、種族、職業等標籤都被拿掉了，人們純粹歡度在這裡相遇的時光。

我遇到一名德國與會者，因為想認識他，我開口詢問：「你是老師嗎？」出乎我意料，他回答：「我們並不稱呼自己為老師，我是一位促進學習者（facilitator）。」我後來發現，民主教育工作者看待關係的圖像並不是階層式或金字塔式的，而是一個個彼此交集、有大有小、形狀不同、互相連結的圓圈。老師與學生、大人與小孩、男人與女人、心靈與身體、乃至於人與其他生物都是在同一個平面上的交集，比起誰擁有更多的資源與權力，他們更關注的是，我們彼此有何共通點、連結、關係，一起面對什麼樣的議題。

為期一週的年會，最讓我印象深刻的是開放空間工作坊（open space workshop），年會參與者可以自由開設主題工作坊，或選擇加入自己有興趣的工作坊活動，參與議題討論與實作。幾乎每個時段都有超過五個主題的工作坊同時進行，討論主題諸如「遊戲學習」、「大自然中的學習」、「民主教育」、「線上學習」、「親子關係」、「自由的邊界」等，我都非常感興趣，恨不得有分身可以每一場都參加。

在一場討論會裡，來自各國資深的民主教育工作者，包含學者專家、國際非營利組織創辦人、學校校長等參與討論，但會議主持人卻是一名十七歲少年，他對會議程序的熟悉、確認議程與發言的果斷、處理突發狀況的穩重令人讚賞。而在會議裡，一名十五歲學生的發言也受到尊重，甚至因為與會者來自超過十個國家，每一段發言都保留時間給各國翻譯，確保沒有人會因為語言不通而無法參與討論。

有名與會者分享她到以色列參訪全球第一所民主教育學校的見聞，她看到一個六歲女孩笑容可掬的迎接來賓，告訴訪客她在學校教「宗教」，訪客不可置信，詢問校長，校長笑著回應：「對呀，這個女孩是我們學校對宗教最感興趣的，她常跟我們分享她的發現。」校方認為，每個人深度學習的領域不同，學習是「資深學習者」帶領「資淺學習者」，沒有老師、學生的分別，也沒有年齡的差別，因此同儕團體組課共學、互相學習，非常重要。

這趟芬蘭行，我們也安排了五天實際參訪芬蘭學校，從幼稚園到大學。我發現在芬蘭，學生是教育的主體，學校絕少用筆紙測驗評量孩子的學習成績，他們注重的是在孩子很小的時候開始發掘他的興趣，讓他有強烈的內在動機知道自己要追求什麼，所有的教育措施就是輔助學生，建立他的自信心與成就感，思維與作法跟台灣相當不同。

芬蘭人尊重孩子的想法，家庭社會對於小孩探索自我、發展興趣是支持鼓勵大於干涉。參訪芬蘭的中學時，我問了幾個學生：「你未來想要做什麼？」他們幾乎都能明確說出畢業後的規劃，有人想當英語老師，有人希望成為作家，有人已經在餐廳工作了，一個還沒有明確目標的學生說她想在歐洲流浪一年，芬蘭高中生即便迷惘，都知道該如何尋找人生方向，反觀台灣的高中生為了升大學考試而埋頭苦讀，上大學甚至大學畢業後才開始找自己。

在這裡，優秀年輕人樂於投身教育，大學生也有很高比例修過教育學程，老師是熱門職業，不但具挑戰性及使命感，也有穩定的薪水及良好的社會聲望，因此師培系統及教育體制能吸引年輕優秀的大學畢業生投入，讓芬蘭教育能不斷創新又兼顧均優，這也是芬蘭教育成功的關鍵之一。如果有一天，台灣頂尖大學的畢業生也把教育當成第一志願，願意成為老師，甚至到需要優質老師的偏鄉任教，台灣真的會很有希望。

打開教育的另一扇窗

我的任教生涯，因為邂逅了華德福教育、自學生、全人、民主教育及芬蘭教育，彷彿打開了一扇天窗，看見了許多不同的景象。

教育工作者常需要描繪心目中理想的學生模樣，而抽象的圖像常帶著不成熟的經驗與模糊的期待。沒有受過傳統師資訓練的我在成為老師後，有幸接觸不同的教育哲學系統、學習型態與教學方法，透過參訪與閱讀，我彷彿也實踐了某一部分尚未成熟的想法。我似乎確認了某一塊心中的教育拼圖，想法也更清晰了，民主教育是一種可能、華德福是另外一種，還有好多可能值得深入探索，當我探索的愈多，就愈想繼續探索下去。

TFT兩年期滿，我決定持續探索教育的可能性。我知道自己人格特質中有擅長反思這一塊，加上受過農業政策訓練，能以制度觀點切入看問題，擔任偏鄉老師兩年，親身體會到偏鄉孩子的困境，我希望自己能再進修充實自我，未來有機會改變傳統校園文化、改變孩子們被動及追逐分數的學習心態，甚至於有機會參與研訂教育政策，讓孩子適性學習，透過教育找到自己，這是我的教育願景。

任教最後一學期期末，孩子們知道我快離開了，一直纏著我、抱著我、拉著我，要求：「老師留下來啦。」離開，當然不捨，我好喜歡好喜歡和孩子們在一

學生畫的我。

學生在黑板上寫下，
凡甘老師的笑容像天使一樣甜美。

沉浸在與孩子的相處中，總能讓我的煩惱疲累立即退散。

起，聽見他們喊「阿甘老師」我就覺得好幸福，孩子們一句「謝謝老師」，我的煩惱疲累立即退散！

但我要跟我親愛的孩子們說：老師當初到這裡是為了你們，決定離開也是為了你們，老師希望改變台灣的教育，讓你們之後求學的路好走些，「爬高」不再是唯一標準，老師希望你們都能找到適合自己的方向！

回首陪伴這些孩童的旅程，我的初心，就是我的使命，我把教育放進生命裡，繼續走上新的旅程。

14

走在實踐夢想的路上

人生實在很奇妙，我大學選擇農經系，卻和社會企業結緣；大四思索畢業後怎麼走，碰上TFT成立，我成了第一屆老師；TFT兩年計畫結束後，現在我在政大實驗教育推動中心擔任研究助理，同時是淡江大學教育政策與領導研究所在職專班學生，完全脫離我是大學新鮮人時對未來的設定，卻是我樂在其中、充滿期待的道路。

為偏鄉孩子找出路

TFT第二年探索不同類型教育，接觸華德福教育、自學教育及民主教育，我發現它們有一個共通點，就是協助孩子找尋並發展自我，沒錯，教育本來就應該依學生個人特質及需求「客製化」。二〇一四年台灣通過實驗教育三法，讓現今教育一元的體制有機會解構，呈現多元及動態的發展，家長的教育選擇權也受到保障，特定教育理念與模式得以實踐，開創教育更多可能性。

實驗教育三法包含三種教育型態：非學校型態、學校型態，以及公辦民營。「非學校型態」保障家長與學生以自學、團體共學、機構辦學的方式進行自主教育的權利，申請人須向教育局處提出申請，並繳交實驗教育計畫，如自學生、親子共學團，人文無學籍行動高中即屬此類；「學校型態」是以公、私立學校新設或改制辦理實驗教育，如全人實驗中學；「公辦民營」的實驗學校由政府負責學校人事、建築設備及業務開銷，校務及教務則委託民間團體辦理，如宜蘭慈心華德福。

在認識了解實驗教育時，我發現網路上有很多相關資訊，也透過各種管道積極自學，但身邊卻找不到討論與分享的對象。一想到我嚮往的實驗教育有可能只是少數思想進步、資訊充分、資源充沛的家庭擁有的特權，再看學生們日復一日跟隨主流價值觀追求競爭力而逐漸失去學習動力，我心裡好著急。

難道弱勢家庭與學生就沒有機會接觸實驗教育、民主教育？沒有辦法有選擇權，只能跟隨主流遊戲規則，在菁英式競爭中被打擊？難道我的學生只能為少數勝利者墊底，完全沒有爬上金字踏頂端的可能？

如果偏鄉小孩先天上已經處於家庭失能及社經弱勢的環境，而學校教育制度又只是把他們放在齊一的教育標準上，與金字塔頂端的孩子一起競爭，複製他們階級的同時，又期盼他們以自身力量去改變命運，公平嗎？

我的想法很簡單，對有資源有能力尋找自己理想教育方式的家庭，就應放寬限制讓他們實踐自我的教育方式；但對缺乏資源與能力的家庭，只要老師有意願、學生有需求，地方的公立學校可以轉型，或者公辦民營可以成為實驗教育學校，家長不用繳昂貴的學費，或搬家才能獲得優質教育。

加入推動實驗教育的團隊

我因為對實驗教育高度感興趣，二〇一六年十月，得知政治大學「偏鄉學校型態實驗教育推動中心」舉辦第二屆全國實驗教育審議委員共識營，我主動寫信爭取旁聽機會，想了解「實驗教育三法」通過後，實驗教育計畫如何經過審議通過、家長如何走向自學、學校如何轉型成為實驗教育學校。

之後得知政大實驗教育推動中心徵求研究助理，我前去應徵，結果令人振奮，二〇一七去年三月一日，我成為中心一員。實驗教育推動中心是政大教育系鄭同僚副教授受教育部委託成立的研究中心，旨在依據「實驗教育三法」，以中央的層級推動實驗教育發展，促進台灣的教育改革與創新。

鄭同僚老師是澎湖人，非常了解偏鄉學校的困境，積極任事，帶領中心年輕的工件夥伴，期望實驗教育為偏鄉學校打開生路。我負責的工作包括創新教學論壇、實驗教育工作者培育計畫、實驗教育人才資料庫以及編輯《實驗教育作業手冊》。因為中心的業務，讓我有機會走訪各地接觸各類實驗教育，拿著錄音筆與電腦，記錄實驗教育學校與機構如何以多元創新的方式翻轉教育，自學家庭如何發展自學計畫走出獨特的人生，心裡很感動。

之前我接觸自學學生及家長時發現，因為地方政府行政人員異動頻繁，對新法令都不是很清楚。教育部也知道有這個問題，因此委託實驗教育推動中心編製《實驗教育作業手冊》，提供相關人員包括地方政府承辦人員、審議委員、自學生、家長與學校教師等參考，也就是一本詳盡的實驗教育指南。

實驗教育不是只有理想與浪漫，它還有很多困難待克服，像是需要重新建構課程與培養人才。為了解決師資問題，教育部委託實驗教育推動中心規劃「實驗教育工作者培育計畫」，培育三十名具備多元、自主、開放核心價值，推動教育創新與多元化發展的教育工作者，未來這些課程資料也會成為免費公開的線上學習資源，讓有需要的教師、家長可以使用。

雖然台灣民主化歷程比歐美等國家晚，但在東亞，我們的實驗教育卻是相當前衛進步的，且值得肯定的政策，而台灣民間推動實驗教育的力量也值得我們驕傲。對我而言，能在實驗教育發展初期就有機會參與推動工作，協助實驗教育發展，讓想進入的人不必擔心，只能在門口張望猶豫，意義感很大。

現在白天我在政大實驗教育推動中心做法案研究及制度推動，晚上在研究所上課程設計、教學領導、評鑑等，學習怎麼設計課程引導學生、怎麼用評鑑制度影響學校決策，回到學科領域用理論及案例來討論，很實用也很有趣，而且研究所的課程，看的是比較高的層次，從制度面做各種探討，也就是看的是森林，而不是單獨的樹。我欣喜發現，白天的工作跟晚上的求學緊密契合、相輔相成。

現階段跟TFT那兩年一樣，我都還在「奠基」，為未來發展蓄積能量。TFT是我到教育現場蹲點，我親身經歷了困境，了解現場老師的為難，體會一個老師在偏鄉這個脈絡裡面對了哪些問題……，現階段實驗教育中心的工作及研究所的學習，則讓我開始知道方法、知道怎麼做學術研究。推動政策需要理性思考，提出教育理念也需要有理論依據，未來無論我走政策、從政或創業，這都是很重要的基本功。我常覺得自己在練深蹲，蹲得愈深，為的是日後可以跳得高。

成為造鐘者　而不是報時者

高中我立志學醫，但面對學測成績達不到標準的事實，我認真思考大學要讀什麼，農經系是我深思熟慮後所做出的選擇，但入學後才發現，我所謂的深思熟慮，

106年5月，我在台北場的實驗教育培育工作坊，說明實驗教育相關細節。

能在實驗教育發展初期就有機會參與，對我來說意義重大。

並不夠深也不夠熟。

生病的歷程，讓我大學選系以助人為導向，那時的想法是台灣在經濟價值作物方面有很厲害的技術，讀農經系，大學畢業後我可以去發展中國家協助人民改進農業技術；加上我高中時讀了《蘋果橘子經濟學》，書中把日常生活跟經濟學理論結合一起，還融合心理學，非常生動有趣，我很驚訝經濟學有這種面貌，覺得學經濟很好玩。

於是我選了有農業也有經濟的農經系，但讀了才知道，農經系學的東西跟我想的大不同，它是農學院裡面唯一沒有學農業技術的學系，主要學習經濟理論，走管理跟制度，如果我想用農業技術幫助第三世界國家，我應該讀園藝、農藝、病蟲害或動物檢疫等等。

雖然入學後發現農經系非我所愛，但我並不後悔讀農經系，因為我還是學到很多，加上社團、活動、輔系與學程，讓我認識很多優秀同儕，台大的環境也讓我充分自我探索與發揮自身能力，最重要的是，這個過程檢測出了我的教育DNA！

每個人對生命中重要事項的排序不同，關於追求夢想，對大部分的人來講，人生很長、時間很多，追求夢想可以慢慢來，但對我來說並不是。接受腎臟移植手術後，我無法因此高枕無憂，因為我並不曉得十年、十五年後，移植到我體內的這枚腎臟會有什麼狀況，我一直告訴自己，我的時間是有限的，我不能浪費不能虛擲，我必須小心謹慎走好每一步。

我常常在思考，若有一天我終將死去，如何能讓死亡不那麼遺憾？

我的作法是，先找出人生中我最想要什麼？我最渴望達成的目標是什麼？確立目標後，我就有了主線及目的地，接下來我做的其他事情都是副線，配合主線去設計安排。

之前的歷練讓我很清楚教育就是我的方向及目標。大學接觸社會企業及很多社會議題，兩年TFT老師的經歷以及偏鄉教育現場的經驗，我發現所有的社會問題，最後都要回到教育，教育是基底，從教育著手才有可能從本質上解決問題，而不是頭痛醫頭，治標而已，但我想做的不只是為偏鄉老師及學童打造一個好的教學與受教的環境，我想投身教育改革，讓台灣整個教育環境都進步。

對於自己未來在教育領域的角色，我期許自己成為「造鐘者」，而不是「報時者」。造鐘者可以造很多不同的時鐘，但報時者只能一直報時。我想發揮創造力建設基礎，而不是做例行性工作，編輯《實驗教育作業手冊》與規劃「實驗教育工作者培育計畫」，就有一點造鐘的味道，手冊編輯完成，課程設計完成，有需要的人隨時可以查閱資料，就像鐘造好後，需要知道時間的人隨時可以抬頭看鐘。

我希望成為造鐘者，是從社會企業「永續、穩定發展」的概念而來，如果只是報時，當你在路上看到街友販賣衛生紙，你覺得他很可憐，所以你買了衛生紙，但這個行為其實只是滿足你那時的感情需求，做這件事讓你心裡舒服，但買衛生紙並不能根本解決街友賣衛生紙的問題。你買愛心衛生紙、愛心餅乾可以買多少次？唯有尋求一個永續、健康、穩定成長的模式，才能徹底解決街友的問題。

世界是最大的教室

出國之於我，是「年輕的流浪」很重要的部分，按部就班的人生很難有驚喜，年輕就應該多出去看、出去體驗、出去冒險。

世界是最大的教室，到不同國家可以體驗不同文化，我從大三第一次出國到柬埔寨創業旅行、TFT兩年計畫期間去馬來西亞與「為馬來西亞而教」的老師交流分享、TFT結束前半個月的芬蘭行、TFT結束後的暑假應邀到福建擔任「青春創想秀—第四屆兩岸大學生公益社團活動策畫大賽」活動評審，到二〇一七年暑假去日本國際民主教育年會，每一次旅行都有不同的視野及啟發，對我來說都是充電，不但擴增自己世界，也讓我重新詮釋自己對很多事物的看法。

因此我規劃先在台灣念教育研究所再出國深造，因為讀研究所對我除了是吸收新知外，更是增加自己研究、論述及自我思辨的能力，這些訓練十分重要。我在TFT兩年中像海綿般吸收了很多東西，我想把這些經驗與心得系統化整理出來，轉化成為自己的東西。而在國內讀研究所，培養學術研究能力後，對出國深造很有幫助。

但出國我不一定讀教育，因為我相信在我們可以看見的五年、十年內，人類的生活、經濟、教育，將因資訊科技、人工智能而大幅改變，我想做的是跨領域的結合，出國深造我不會念在台灣就可以念的科系，我想要了解的是更前瞻、更有未來學概念的領域。未來的工作大概有六成現在都還沒有出現，它的關鍵是什麼？就是資訊科技，我想了解這些未來趨勢將如何影響我們的教育及學習，或許以後也可能沒有學校這種型態存在呢。

但無論研讀什麼，一切都將回歸教育，一來是我內心那種強烈的關懷社會、改變社會的意識。透過教育，孩子會是改變的種子，雖然他們現在占社會人口不到百分之二十，但卻是百分之百的未來。此外，教育是你投注心力後，你看得到它慢慢成長的工作，就像看著自己種下的小樹慢慢長大，喜悅言語難以形容。一個大人可能工作時覺得他的人生沒前途沒希望，但回到家看到自己的孩子，他卻可以感受到，他的人生還有希望。

教育之所以一直吸引我，讓我不想離開，其中一個原因可能就是我眷戀這種正向的希望吧！

家人是最珍貴的寶藏

在逐夢的路上，親愛的家人始終支持著我。從國中畢業北上求學起，家就是我最堅實的後盾。大學畢業我選擇成為TFT老師，把到偏鄉小學服務當成理想，但我知道，有些家長不認為這是理想的工作，用世俗眼光來評斷，到偏鄉當代理或代課老師，事情很多薪水不高離家又遠，有的父母認為「我把你栽培到讀完大學、研究所畢業，不是讓你去小學教書的」，我們就有夥伴是頂著家裡的壓力赴偏鄉任教。

我因為身體狀況特殊，爸媽把我的健康擺在第一，只要我健康、快樂、走正途，他們支持我所有決定，就算心裡有疑問也不會說出口，只是自己默默關心。我決定加入TFT時，媽媽自己上網查什麼是「為台灣而教」，我在偏鄉那兩年，她也三不五時上網蒐尋，看看有沒有我的新動態新資料。這些媽媽都沒說，我是偶爾從媽媽向親戚介紹我的工作言談中，得知媽媽有「做功課」，心裡很感動，爸爸雖然不善言辭，但總是付出心力、默默地做，他們的身教是我一生的寶藏。

十五歲的我認為自己是世界上最倒楣的人，二十一歲的我在東埔寨農村高腳屋下簡陋的教室看到生命的希望，二十四歲的我在「為台灣而教」中確立教育是我的人生志向，現在，二十六歲的我，每一步都在為圓夢努力。

我是家裡唯一可以自主決定自己未來的孩子，因此我圓夢的步伐中，融合了我大哥及二哥的步伐。

上大學後，我因為大哥捐腎給我展開不同人生，但我大學畢業後的這幾年，大哥身體狀況開始衰退（跟捐腎無關），每隔一段時間的癲癇發作，造成這兩年他智力嚴重衰退，並引發知覺失調。我看著大哥身體衰退、精神耗弱，卻沒辦法幫助他，沒有辦法代他承受他的苦，我非常難受，大哥可以分一顆腎給我，可是我沒辦法分一半的夢想或智力給他。

深深的虧欠感，讓我一直思考：我可以給大哥什麼？後來我意識到，與其思考一個我沒有辦法面對及解決的問題，愧疚、不捨、難過，不如思考如何把我對大哥的虧欠化成祝福，好好珍惜生命，不但要活得健康，更要活得有意義，發揮這顆腎臟跟生命最大的價值，這應該是我感謝及回報大哥唯一、也是最好的方式。

爸媽和大哥來參加我的大學畢業典禮。

家人的支持，永遠是我實踐夢想時最堅實的後盾。

大哥給我的腎臟，讓我跟大哥的生命有了更深的連結，我覺得這顆腎臟也像我的第二顆心臟，有時候我會想，我是帶著哥哥的生命一起努力、奮鬥，面對困難。

而聰穎優秀的二哥，其實一點都不想讀軍校，他讀中正預校時曾經多次哀求媽媽，賠錢給學校讓他回家，但那時家裡的經濟條件做不到，二哥深切體會過「求而不得」的失望與失落，因此我想要的、我想做的，二哥都支持。上國中時我想補習但媽媽不同意，那天二哥剛好休假回家，眼見我怎麼樣都說服不了媽媽，他和我一起下跪求媽媽。二哥跟媽媽說，在軍校他再怎麼努力讀第一名，畢業後他還是得待在軍中，他沒有機會讀一般的高中、大學，過一般的學生生活，他已經失去了很多，「我沒有辦法得到的東西，弟弟那麼想要，請您給他吧」，二哥這番話打動了媽媽，媽媽終於點頭了。

大哥沒有能力追夢、二哥沒有機會築夢，身為三兄弟中唯一可以自主決定人生的幸運兒，我怎能不珍惜呢？我知道自己目前力量還很小，但我會充實、壯大自己，一步一步、踏實的走在實踐夢想的路上。

後記

最後，我想告訴你……

看完這本書，你可能會好奇，也可能會困惑，或者想了解更多，或者想起一些事情。

如果有機會與你對話，我會好奇你對書中哪些故事印象深刻？它讓你想到了什麼？甚至，我想問你，那你的故事呢？

我常在校園演講後，收到許多回饋，最難忘的是那些願意和我分享自己故事的小朋友。所以我想，我的故事會不會也啟發了你什麼？

如果可以，我想給你一些建議：

第一，記得要愛自己。如果連你都不愛自己，再多人愛你，你也不會幸福。

第二，一個人身上可以有好多個自己，難過時，請呼叫勇敢堅強的自己給受傷難過的自己一個擁抱。

第三，好好珍惜生命中的天使（愛我們的人），他們可能是我們的家人、老師或朋友。有時候，當我們遇到困難，才會發現原來天使在我們身邊。

第四，很想放棄的時候，請想像你的眼前有許多跟你一樣辛苦，卻還在努力的人。也請想像你身旁有跟你一樣想放棄的人，你也會影響著他們。

最後，生命如果是畫布，我們才是揮灑顏料的人，請盡情畫出人生的精彩。

徐凡甘

人生顧問 315

我的選擇，是把生命活得更好

從換腎少年、創業青年到偏鄉教師，總統教育獎得主徐凡甘的甘苦人生

作　者—徐凡甘
採訪整理—邱淑宜
內頁照片提供—徐凡甘、夢田文教基金會、小眼攝影
主　編—李宜芬
封面暨內頁設計—化外設計
責任企劃—張瑋之

董事長—趙政岷
出版者—時報文化出版企業股份有限公司
108019台北市和平西路三段二四〇號四樓
發行專線—（〇二）二三〇六—六八四二
讀者服務專線—〇八〇〇—二三一—七〇五
（〇二）二三〇四—七一〇三
讀者服務傳真—（〇二）二三〇四—六八五八
郵撥—一九三四四七二四時報文化出版公司
信箱—10899台北華江橋郵局第九九信箱
時報悅讀網—http://www.readingtimes.com.tw
法律顧問—理律法律事務所　陳長文律師、李念祖律師
印　刷—盈昌印刷有限公司
初版一刷—二〇一八年六月二十九日
初版三刷—二〇二一年六月十八日
定　價—新台幣三二〇元

我的選擇，是把生命活得更好：從換腎少年、創業青年到偏鄉教師，總統教育獎得主徐凡甘的甘苦人生 / 徐凡甘著；邱淑宜採訪整理. -- 初版. -- 臺北市：時報文化, 2018.06
面；　公分 (人生顧問；315)
ISBN 978-957-13-7453-6 (平裝)

1.徐凡甘 2.傳記 3.自我實現

177.2　　107009503

ISBN 978-957-13-7453-6
Printed in Taiwan